공감에 기반한

유아교사의 리더십

이 선 영

창지사

머리말

지금까지 유아교사의 리더십에 대한 연구는 유아교육기관의 최고 지위를 가진 원장 리더십을 중심으로 경영자적인 부분에 초점을 두고 이루어져왔다. 그러나 교육리더십의 측면에서 보았을 때 교육의 대상인 유아를 만나는 모든 교사는 '리더'가 되어야 하며 동시에 '리더십'을 가져야 할 필요가 있다. 유아교사에게 리더십이 필요하며, 또 매우 중요하게 다루어져야 한다는 주장은 결코 새로운 주장이 아니다. 리더십의 의미가 변화를 겪어온 것처럼 유아교사의 리더십 역시 시대적 상황에 따라서 다르게 해석될 수 있으며, 특히 지금처럼 급변하는 사회에서 유아교사에게 요구되는 리더십의 유형은 이전과 매우 다를 수 있다는 점에 주목할 필요가 있다. 유아교사가 가져야 할 중요한 자질인 '돌봄'은 전통적인 리더십의 관점에서는 중요하게 다루어지지 않았던 요소이다. 또한 '돌봄'을 가정적, 여성적이라고 폄하하는 남성 중심의 이데올로기는 유아교사의 리더십을 전문적인 교육리더십의 영역으로 논의하지 않았다. 그러나 현대 리더십의 핵심인 변혁적 리더십에서는 지시적이고 강력한 리더십이 아니라 수평적이고 소통적인 리더십을 강조한다. 유아교사의 중요한 자질인 '돌봄'은 현대 사회에서 필요한 리더가 가져야 할 중요한 자질이며 이는 개인적 차원에서 좋은 교사로 그치는 것이 아니라 공감을 기반으로 한 리더십이라는 사회적 차원으로 확장될 수 있는 핵심적인 요소이다.

최근 들어서 교육적으로는 누리과정 개정에 따라 유아들의 놀이를 의미화할 수 있는 교사의 역량이 중요해졌으며, 변화하는 유아들의 특성에 대한 이해가 더욱 중요해졌다. 사회적으로는 제4차 산업혁명의 도래에 따라 사회 전 분야의 변화가 가속화되어 가고 있으며, 이에 따라 타인과 공감하고 협업할 수 있는 개인의 역량이 새롭게 주목받고 있다. 이 책은 이러한 교육적, 사회적 변화의 방향에 발맞추어 공감을 중심으로 한 유아교사 리더십의 새로운 의미를 탐색해 보고자 하는 취지에서 출발하였다.

이 책은 크게 리더십의 이해와 리더십의 개발이라는 두 개의 부분으로 구성된다. 1부는 리더십에 대한 이해를 돕기 위해 리더십이 무엇이고 왜 중요한가에 대한 내용을 담고 있다. 1장 현대사회와 교육패러다임에서는 변화하는 현대사회와 미래의 인재상을 중심으로 교육패러다임이 어떻게 변화되어 가고 있는가를 설명한다. 2장 유아교사 리더십의 이해에서는 리더십의 개념과 교사리더십에 대해 알아보며 유아교사에게 왜 리더십이 필요한지를 설명한다. 3장 리더십 이론과 유아교육적 적용에서는 전통적인 리더십이론과 현대 리더십이론을 알아보고 유아교육에서 어떻게 적용해야 할지에 대한 시사점이 나타나 있다. 4장 리더십의 형성요인과 자기계발에서는 리더십 발달의 요인과 발달 과정, 리더십을 발달시키기 위한 전략에 대한 설명이 있다. 5장 공감형 리더, 유아교사에서는 공감의 개념과 공감에 기반한 유아교사 리더십의 중요성과 필요성을 설명하고 있다. 2부는 리더십의 계발을 위한 실제적인 과정으로 리더십의 기초와 리더의 3가지 필수조건, 임파워먼트와 유아교육적 적용의 과정으로 구성된다. 6장 리더십의 기초는 리더십 계발의 기초인 자기이해를 중심으로 자기이해의 개념과 중요성에 대한 설명, 자기이해의 실제 연습이 들어 있다. 7장 리더의 필수조건 1은 의사소통능력에 대한 부분을 담고 있으며, 8장 리더의 필수조건 2 는 자기조절력과 회복탄력성, 9장 리더의 필수조건 3은 긍정정서의 내용을 담고 있다. 마지막 10장 임파워먼트와 유아교육적 적용에서는 임파워먼트의 개념과 이해, 유아교육적 적용 방법에 대한 논의를 담고 있다.

1부에서 리더십에 대한 개념과 중요성을 이해하는 것은 매우 중요하다. 1부에 대한 이해는 2부에서 다루는 리더십 계발 과정에 대한 적극적 참여의 동기가 되며 리더십 계발 전략을 개인적으로 적용하는 과정의 동력이 된다. 리더십 계발을 다루는 2부에서는 충분한 시간을 가지고 토론하고 발표하는 쌍방형 수업이 더 효과적일 것이다.

현대사회의 핵심적인 인재이자 미래사회의 인재를 키워나갈 유아교사들이 이 책을 통해 자신을 이해하고 유아교사로서 자신의 리더십에 대한 발견과 노력을 할 수 있기를 소망한다.

2020. 12.

이선영

차 례

PART Ⅰ 리더십의 이해

PART II 리더십의 계발

LEADERSHIP

PART I

리더십의 이해

CHAPTER 01

현대사회와 교육패러다임

개요

현대사회의 핵심 화두는 4차 산업혁명이다. 유아교사는 미래를 살아가야 하는 유아들을 교육해야 하기 때문에 시대적 흐름을 이해하고, 교육적 요구를 적용할 필요가 있다. 본 장에서는 현대사회의 특성과 사회가 요구하는 인재의 조건에 대해 알아본다. 이를 통해 리더십이 왜 필요한지에 대해 생각해보고, 교사리더십이 갖는 의미에 대해 고찰해보고자 한다.

목표

- 현대사회의 특성을 이해할 수 있다.
- 미래사회에서 요구하는 인재의 특성을 알 수 있다.
- 4차 산업혁명시대의 교육패러다임의 변화를 이해할 수 있다.

주요 용어

4차 산업혁명
창의성
비판적 사고
협력
소통
패러다임

1. 현대사회의 변화

현대사회는 과학기술뿐만 아니라 사회 전반이 빠르게 변화하고 있는 4차 산업혁명의 시대로 일컬어진다. 독일의 사회심리학자인 에른스트 디터 란터만은 현대사회의 특징을 급격한 변화, 확실성의 소멸, 예측 불가능성으로 보았으며 예측할 수 없는 미래의 환경으로 인해 개인은 불안감을 느끼게 된다고 하였다. 교육환경은 이러한 사회의 변화를 반영하고 개인이 느끼는 불안감을 고려해야 한다. 따라서 미래사회를 살아가야 할 유아를 교육하는 유아교사는 현대사회의 변화와 미래사회에서 요구하는 인간상에 대해 반드시 이해해야 할 필요가 있다.

(1) 사회 환경의 변화

2016년 다보스포럼의 주제로 '4차 산업혁명의 이해'가 제시된 이후, 4차 산업혁명에 대한 논의가 활발해졌다. 다보스포럼의 설립자이자 회장인 클라우스 슈밥은 "이미 4차 산업혁명의 시대가 시작되었다"라고 주장하며 물리학, 디지털, 생물학 기술 전반의 혁신을 특정하였다. 다보스포럼(World Economic Forum: 세계경제포럼)은 비즈니스, 정치, 학회 및 사회 리더들과 함께 국제적, 지역적, 산업적 아젠다를 구축하여 세계의 상황을 개선시키기 위해 노력하는 독립적 국제기구로 매년 포럼을 개최하여 그 해의 주제를 제시한다. 2019년의 주제로 '4차 산업혁명'이 다시 제시되며 그 중요성을 다시 한 번 강조하였다.

4차 산업혁명은 정보 통신 기술기반의 새로운 산업시대이며 인공지능, 사물 인터넷, 빅데이터, 모바일 등 첨단 정보통신 기술이 경제, 사회 전반에 융합된 혁신적인 변화를 의미한다.

그림 1-1 사물인터넷의 사례

출처: BIZMERCE.

4차에 걸친 산업혁명을 통해 인간의 육체노동은 점점 줄어들게 되었다. 산업혁명 주기는 점점 빨라지고 있으며 동시에 범위와 영향력은 증가하고 있다. 미국의 미래학자인 앨빈 토플러는 빠르게 변화하는 사회에서 국가와 개인이 변화하지 않으면 혼란만 있을 것이라고 경고하며 2001년 '21세기 한국의 비전'이라는 보고서에서 '미래는 사람이다'라는 내용으로 미래사회에 적응하기 위한 교육의 변화를 요구하였다. 그는 2007년 방한 시 한국 교육에 대해 "한국에서 가장 이해하기 힘든 것은 교육이 정반대로 가고 있다. 한국 학생들은 하루 15시간 이상을 학교와 학원에서, 자신들이 살아갈 미래에 필요하지 않은 지식을 배우기 위해 그리고 존재하지도 않을 직업을 위해 아까운 시간을 허비하고 있다"라고 지적했다. 현재 교육이 기여할 방향은 지식을 많이 갖고 있는 사람을 만드는 것이 아니라 변화하는 미래사회에 적응할 수 있는 사람을 만드는 것임을 강조하였다.

개념 돋보기

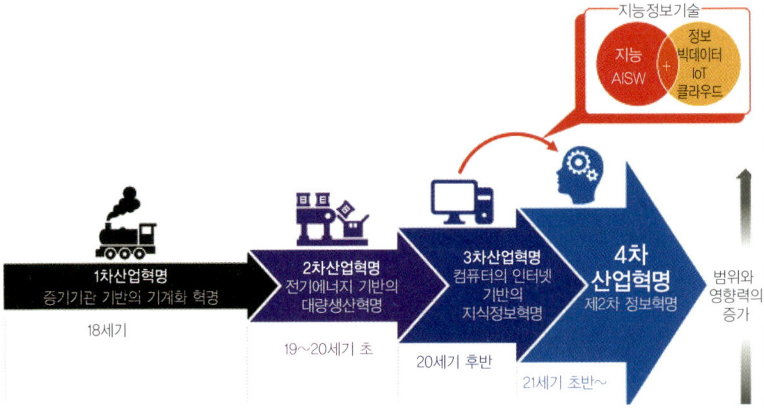

점점 빨라지는 산업혁명 주기

출처: 대통령 직속 4차 산업혁명위원회.

■ 1차 산업혁명

1차 산업혁명은 18세기 영국을 중심으로 증기기관 기반의 기계화 혁명을 의미한다. 가정 내 수공업 중심이었던 방직이 증기기관의 발명으로 기계화되어 거대 산업화를 이루고, 철도라는 교통수단의 변화는 거대산업화를 야기하였다.

■ 2차 산업혁명

2차 산업혁명은 19~20세기 초 유럽과 미국이 중심적인 역할을 하여 전기에너지 기반의 대량생산 혁명을 의미한다. 공장에 전력이 공급되면서 경공업에서 중화학공업으로의 전환이 일어나고, 컨베이어벨트를 사용한 대량생산이 가능해졌다.

■ 3차 산업혁명

3차 산업혁명은 20세기 후반 컴퓨터 네트워크, 인터넷 커뮤니케이션과 같은 정보통신 기술의 발달이 가져온 지식정보 혁명을 의미한다. 제러미 리프킨은 자신의 저서 『3차 산업혁명』에서 인터넷 커뮤티케이션 기술, 재생 가능한 에너지의 결합을 3차 산업혁명의 특성으로 보고, 협업, 권력분산, 지속가능성과 공유 등을 중요한 개념으로 제언하였다.

■ 4차 산업혁명

4차 산업혁명은 3차 산업혁명을 바탕으로 고도화된 정보혁명을 의미하며 초지능성, 초연결성 등의 특성을 갖는다. 앞서 언급된 인공지능, 사물인터넷, 나노기술, 무인기술 등이 중요한 기술이며 이를 통해 산업구조 시스템의 혁신이 이루어지고 있다.

(2) 미래사회의 인재상

현재의 인재상은 1, 2차 산업혁명을 거치면서 만들어진 것으로, 공장이나 사무실에서 일할 수 있는 능력을 가진, 읽고, 쓰고, 계산하며 성실하게 일하는 사람을 요구한다. 학교의 교육체계는 이러한 인재상을 기반으로 교육내용을 결정하게 된다.

미래학자들은 현재의 일자리의 80%가 15년 안에 사라진다고 지적하고 있으며 2016년 다보스 포럼에서는 초등학교에 입학하는 학생들의 65%가 현재 존재하지도 않는 일에 종사할 것이라고 예측하였다. 미래사회는 인공지능과 기술의 발달로 인해 계산하고, 예측이 가능한 일들은 사람보다 나은 기계들로 대체될 것이다. 따라서 미래사회에서 요구되는 인재는 인공지능이 가질 수 없는, 인간만이 가질 수 있는 역량을 갖출 필요가 있다. 벤처 1세대인 이민화 카이스트 교수는 4차 산업혁명 시대에서 요구되는 인재상을 '협력하는 괴짜'라는 말로 정의

하며 새로운 상상을 하고, 상상을 실현하고자 노력하는 즐거움을 가진 인재가 미래사회에 필요하다고 보았다. 교육학자인 찰스 파델과 버니 트릴링(2012)은 미래사회의 핵심역량을 창의력(Creativity), 비판적 사고력(Critical Thinking), 의사소통 능력(Communication), 협업능력(Collaboration)의 4C로 정리하였다. 이후 골린코프와 허쉬-파섹(2018)은 콘텐츠(Contents)와 자신감(Confidence)을 더해 6C를 핵심역량으로 주장하였다. 미래사회의 핵심역량인 6C는 미래사회를 살아가야 하는 유아에게뿐만 아니라 유아교사에게도 필수적인 역량이다. 다음은 미래사회의 핵심역량인 6C의 내용이다.

① 창의성(Creativity)

창의성은 새롭고 독창적이고 유용한 것을 만들어 내는 능력 혹은 전통적인 사고방식에서 벗어나 새로운 관계를 창출하거나 비일상적인 아이디어를 산출하는 능력을 의미한다(한국교육심리학회, 2000). 많은 사람들이 창의성이란 이전에는 없던 완벽히 새로운 것을 만들거나 혹은 돈키호테처럼 보통 사람과는 다른 특이함이라고 생각하지만 이것은 오해이다.

창의성의 두 가지 핵심요소는 '새로움'과 '적절성'이다. 새로움이란 독창적이고, 독특하고, 신선하고, 예기치 못한 것을 의미하며 적절성이란 유용하고 구체화되며 가치 있는 것을 의미한다. 새롭기는 하지만 쓸모나 가치가 없고 적절하지 않다면 새로운 것이라도 창의적인 것이 될 수 없다(조연순, 백은주, 최규리, 2008).

② 비판적 사고(Critical Thinking)

비판적 사고는 어떤 사태에 처했을 때 감정 또는 편견에 사로잡히거나 권위에 맹종하지 않고 합리적, 논리적으로 분석, 평가, 분류하는 사고과정을 의미한다(서울대학교 교육연구소, 1995). 비판적 사고의 출발은 합리적인 의심으로, 자신이 상식이라고 알고 있거나 진리라고 생각하는 것에 대해 다시 생각해 보는 것이다. 항상 당연하다고 생각되거나 익숙한 현상 혹은 신문기사나 뉴스에 대해 '이것이 정말일까?'라고 의심하는 사고과정은 본질에 더 가깝게 다가갈 수 있게 해준다.

비판적으로 사고한다는 것은 무조건 반대하고 비난하는 부정적인 사고를 의미하는 것이 아니라 어떤 주장을 폭넓은 맥락에서 더 잘 이해하기 위해 다각적으로 따지고 되새기는 능동적이고 반성적인 사고이다(박은진, 김희정, 2008).

③ 의사소통 능력(Communication)

의사소통 능력이란 상대방과 대화를 나누거나 문서를 통해 의견을 교환할 때 상대방이 뜻한 바를 정확하게 파악하고 자신의 의사를 효과적으로 전달할 수 있는 능력을 의미한다(pmg 지식엔진연구소, 2017). 단순히 자신의 이야기를 하고 타인의 이야기를 듣는 과정만을 의미하는 것이 아니라 자신의 의사를 상대방에게 정확히 전달하고 이 내용을 공유하여 마음과 행동을 변화시키는 총체적 상호작용을 의미한다.

미래사회에서 요구되는 인재는 자신이 갖고 있는 지식뿐만 아니라 다양한 분야에 관심을 갖고 있는 보다 폭넓은 지식을 가진 T자형 인재이다. 이러한 T자형 인재보다 확장적인 인재상이 자신의 지식과 이해를 타인에게 진달하고 수용할 수 있는 의시소통 역량을 가진 A자형 인재이다(정경수, 2018).

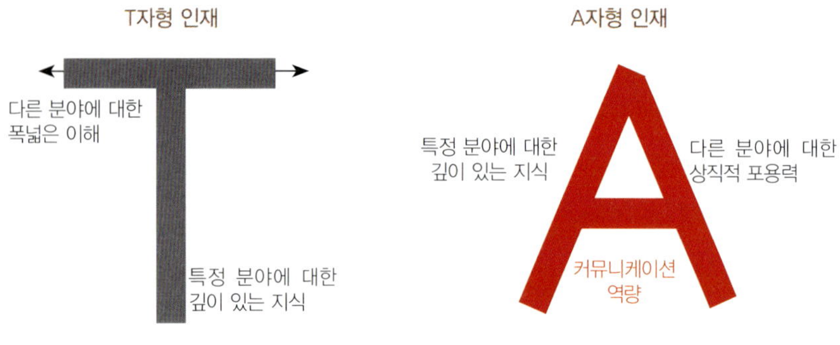

:: 그림 1-2 T자형 인재와 A자형 인재 의미

출처: 정경수(2018). 혼자의 기술. p. 22.

④ 협업능력(Collaboration)

협업은 사전적으로 일정한 목표를 달성하기 위해 일시적으로 팀을 이루어 함께 작업하는 것을 의미한다. 지식과 정보는 점점 광범위해져

가기 때문에 개인이 여러 분야의 지식을 갖는 것은 어렵다. 과거에는 유능한 개인이 혼자 작업을 하여 좋은 결과물을 만들었지만 현대에서는 여러 분야의 전문가들이 서로 협력하여 결과물을 만들어낸다. 이미 교육학과 경영학의 다양한 분야에서 혼자서 하는 학습이나 작업보다는 팀을 기반으로 한 학습활동이나 생산활동이 효과적이라고 증명되었다.

미래사회의 역량으로 협업능력이 중요한 이유는 협업 과정에서 나타나는 구성원 간의 갈등, 의사소통의 미숙함과 같은 다양한 문제들을 해결할 수 있어야 하기 때문이다. 유능한 개인이 필요한 것이 아니라 협업이 이루어졌을 때 갈등을 잘 해결하고, 공동의 목표를 위해 노력할 수 있는 역량을 가진 사람이 필요한 것이다. 또한, 협업은 단순히 사람과 사람 간에서만 이루어지는 것이 아니라 사람과 AI와의 관계에서도 이루어질 수 있기 때문에 기술적인 측면에서의 이해가 함께 요구된다.

그림 1-3 협업능력의 의미

⑤ 콘텐츠(Contents)

콘텐츠는 일종의 학습내용이다. 미래의 핵심 역량이 지식이 아니라고 하더라도 기본적인 학습내용은 문제를 해결하고 적용하는 데 필수적이다. 다만 알려진 사실을 아는 것에 그치지 않고 학습내용이 연결되고 적용될 수 있도록 사고하고, 새로운 방향이나 관점으로 활용할 수 있어야 한다. 사회적 상호작용을 통한 딥 러닝은 함께 배워야 할 주제를 가지고 학습내용을 함께 만들어가는 것을 의미한다. 이를 통해 '배우는 방법을 배우는 것'이 참된 배움이다. 배움에 대한 즐거움은 일생 동안 배움을 멈추지 않게 하는 동력이 된다.

⑥ 자신감(Confidence)

자신감은 자신을 신뢰하는 마음으로 자신에 대한 긍정적인 평가와 믿음에 근거한다. 자신감은 도전해보려는 '의지'와 '도전정신'의 두 가지 요소로 이루어져 있다. 자신감 없이는 새로운 도전을 받아들일 수 없으며 자신을 믿고 끝까지 도전하는 것이 어렵다. 자신감은 '나는 무엇이든 할 수 있어!'와 같은 자기만족적 태도라기보다는 '실패해도 괜찮아!'와 같이 위험을 감수하고, 실패할 각오가 되어 있는 용기 있는 태도에 가깝다. 현재에 안주하고 있다면 새로운 발견은 일어나지 않을 것이다. 새로운 것에 대한 도전과 시도가 있어야 발견과 성취가 일어나게 된다. 이러한 자신감은 자존감과 연결되며 성취도에도 영향을 미친다.

다음은 6C의 역량과 각각의 발달단계에 대한 그림이다. 6C는 왼쪽에서 오른쪽으로 상호보완적인 관계에 있다. 각각의 능력은 서로를 기반으로 하고 있으며 자연적으로 발현된다. 협력 없이는 의사소통이 불가능하고, 의사소통을 통해 콘텐츠가 만들어지며 콘텐츠에 의해 비판적 사고가 좌우된다. 비판적 사고는 창의적 혁신의 핵심적인 기둥이 되며 자신감은 전단계인 콘텐츠, 비판적 사고, 창의적 혁신에 달려 있다(Golinkoff & Hirsh-Pasek, 2018). 아래에서 위는 각 역량의 발달단계를 보여준다.

단계	협력 (Colaboration)	의사소통 (Communication)	콘텐츠 (Contents)	비판적 사고 (Critical Thinking)	창의적 혁신 (Creative Innovation)	자신감 (Confidence)
4	함께 만들기	공동의 이야기하기	전문성	증거 찾기	비전 품기	실패할 용기
3	주고받기	대화하기	연관 짓기	견해 갖기	자신만의 목소리 내기	계산된 위험 감수하기
2	나란히	보여주고 말하기	폭넓고 얕은 이해	사실을 비교하기	수단과 목표 갖기	자리 확립하기
1	혼자서	감정 그대로	조기학습과 특정 상황	보는 대로 믿는	실험하기	시행착오 겪기

그림 1-4 6C 역량과 각각의 발달단계

출처: Golinkoff & Hirsh-Pasek(2018). 최고의 교육. 서울: 예문아카이브. p. 334.

미래를 상상하는 즐거움을 가진 인간은 미래사회에 빨리 적응하고, 기술이 주는 편리함과 여가를 즐길 수 있을 것이다. 유아교육에서는 2019 개정 누리과정을 통해 놀이의 중요성을 강조하였다. 유아들은 놀이를 통해 창의성, 비판적 사고, 소통, 협업, 콘텐츠, 자신감이라는 6C의 요소를 자연스럽게 경험하며 이를 내재화하게 된다. 호모 솜니안스(Homo Somnians: 꿈을 꾸는 사람)는 이미 있는 것을 인식하기보다 아직 없는 것을 떠올리고 상상하는 사람을 의미한다(노경우, 2015). 전통적인 방식으로 지식을 주입하는 교육이 아닌 충분히 즐기고 상상하는 인간을 만들어내는 것이 미래사회의 교육방향이라고 볼 수 있다. 생텍쥐베리의 "배 만드는 법을 가르치고 싶다면 일을 가르치지 말고 넓은 바다에 대한 동경을 심으라"라는 말은 이러한 의미를 갖는다.

2. 교육패러다임의 전환

(1) 패러다임의 의미

'패러다임'이라는 용어는 미국의 과학사학자이자 철학자인 토마스 쿤이 자신의 저서『과학혁명의 구조』(1962)에서 제시한 개념으로, 한 시대를 지배하는 과학적 인식, 이론, 관습, 사고, 관념, 가치관 등이 결합된 총체적 틀 또는 개념의 집합체로 정의된다(네이버 두산백과). 패러다임이라는 용어는 이후 다양한 분야로 파급되어 학문의 전 영역에서 일관적으로 적용되는 기본 원리를 의미하는 용어로 사용되고 있다.

패러다임은 시대에 따라서 달라지고 역사적 흐름에 따라서 변화하며 모더니즘에서 포스트모더니즘으로 패러다임이 전환되는 것과 같이 연속적으로 나타나기보다는 비연속적이고 혁명적으로 나타나는 특성을 갖는다.

(2) 교육패러다임의 변화

교육의 패러다임은 21세기에 들어서면서 기계론적인 패러다임에서 인간주의적 패러다임으로 전환하였다. 이와 같은 패러다임의 이동은 과거의 고정적이고 엄격한 형태의 소수 엘리트 중심에서 자유롭고 융통성 있는 다수의 자율성을 존중하는 방식으로의 전환을 의미한다(이병진, 2003).

지금까지의 교육은 지식과 정보에 접근할 수 있고, 이를 만들어내는 사람이 소수이기 때문에 가르치는 사람, 즉 교육자 중심이었다. 그렇기 때문에 '누구를 가르칠 것인가', '어떻게 가르칠 것인가', '무엇을 가르칠 것인가' 하는 교육적 고민은 학습자가 아닌 교육자 중심으로 논의될 수 밖에 없었다. 4차 산업혁명 이후 교육적 패러다임은 교육자 중심에서 학습자 중심의 교육으로 급격히 진화하고 있다.

학습자 중심의 교육이 의미하는 바는 단순히 교육의 주체를 학습자로 보는 것에 그치는 것이 아니라 '학습하는 모든 인간'이라는 의미를 갖는다. 인간은 누구나 학습자이므로 단순히 학교에 다니는 학생만이 아니라 모든 사람이 학습자가 될 수 있다. 따라서 교육에서 학습자는 수동적 객체가 아니라 능동적 주체가 된다(김신일, 박부권, 2005). 이러한 교육패러다임의 전환은 개방적 교육 네트워크, 배움과 적용 중심의 융합적 학습, 네트워크 협력 학습의 확산, 윤리적 책무성에 대한 강화의 측면으로 설명할 수 있다.

① 개방적 교육 네트워크

교수자 중심의 교육은 에듀 테크와 같은 기술변화에 따라 학습자 중심으로 변화하고 있다. 에듀 테크란 교육(education)과 기술(technology)의 결합으로 빅데이터, 인공지능 등의 정보통신기술(ICT)을 활용한 차세대 교육을 의미한다. 전통적인 교육은 학교라는 한정적인 공간에서 교사와 학생이 대면하여 이루어지는 폐쇄적인 형태를 갖고 있기 때문에 교육을 받고 싶어도 지역적 특성, 경제적 곤란, 적응의 어려움 등의 이유로 교육을 받지 못하는 학생이 있었다. 그러나 온라인을 이용한 공개강좌들은 학교라는 공간이 아니어도 언제, 어디서든 무료로 교육을 받을 수 있는 개방적인 형태를 갖는다. 무크(MOOC: Massive Open Online Course)는 대학과 전문교육기관의 강의를 온라인에 무료로 공개하는 공개강좌 플랫폼이다. K-MOOC는 무크의 한국판 버전으로 2020년 현재 94개 국내외 기관이 참여해 745개 강좌를 운영하고 있다.

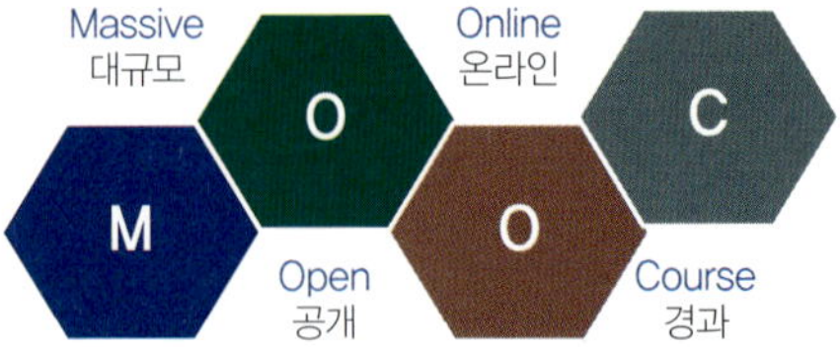

:: 그림 1-5 무크(MOOC)의 개념

② 배움과 적용 중심의 융합적 학습

학습의 의미는 단순한 '지식의 전달'에서 '배움과 적용이 중요한 교육'으로 변화하였다. 현대사회의 지식은 개인이 갖고 있는 것이 아니라 공유되고 저장된다. 따라서 얼마나 많은 지식을 갖고 있는가가 중요한 것이 아니라 공유되고 저장되어 있는 지식을 얼마나 잘 찾아내고, 적용할 수 있는가가 중요한 능력이 된다. 디지털 학습 환경의 조성에 따라 가상현실, 적시학습, 거꾸로 학습과 같은 새로운 교수-학습 방법이 교육의 실제에 도입되었다. 이러한 새로운 교수방법들은 지식을 전달하는 데 목적을 두지 않고 삶과 배움을 통합하는 데 중점을 둔다.

예를 들어, 거꾸로 학습(flipped learning)은 전통적인 수업과는 달리 수업은 집에서 하고 과제는 학교에서 하는 수업형태이다. 학습자가 집에서 학습할 내용을 인터넷이나 동영상으로 미리 공부하고 실제 교실 수업에서는 학습내용을 바탕으로 토론, 프로젝트 학습, 협력학습, 집단탐구학습 등의 다양한 활동을 통해 사고력을 길러나가게 된다(박성익 외, 2015).

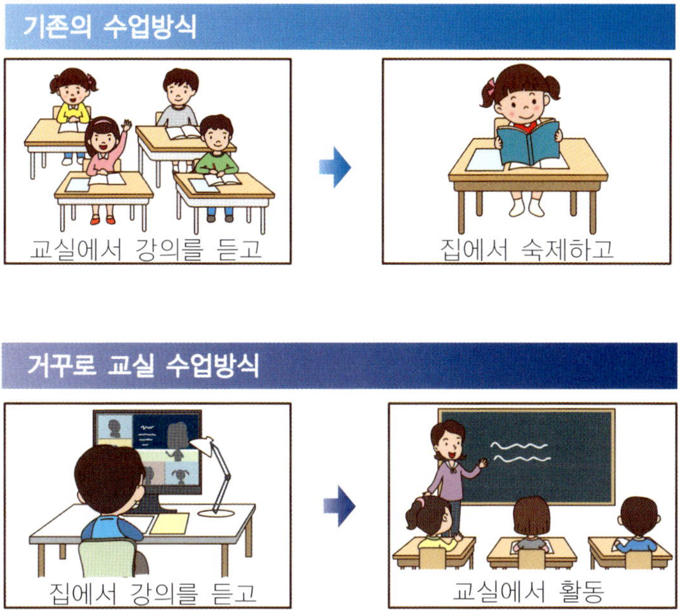

:: 그림 1-6 기존의 수업방식과 거꾸로 교실 수업방식

③ 네트워크 협력학습의 확산

인간의 생활환경이 디지털 사회로 급격히 발전하고 엄청난 양의 지식과 정보가 축적되면서 이를 활용하기 위해서는 개인의 노력만이 아닌 개인들 간의 네트워킹을 통한 협력이 필요하다. 미래사회의 핵심역량으로 협업이 강조된 것처럼 교육의 패러다임에서도 개별적 학습 활동이 아닌 협력학습이 강조된다.

협력학습은 학습 목표 달성을 위해 학습자와 학습자 혹은 학습자와 교수자 사이에 인지적 협력에 초점을 두는 학습 방식으로, 학습자들이 네트워크상에서 상호작용을 통해 정보를 공유하고 협력적으로 문제를 해결하는 학습을 의미한다. 이러한 협력 학습은 나 혼자보다는 여러 사람의 지혜를 모으면, 더욱 쉽고 효율적으로 목표를 달성할 수 있고 문제를 해결할 수 있다는 집단지성에 근거한다. 다수의 학습자들이 서로 협력을 통하여 얻게 된 집단의 지적 능력은 개인의 지적 능력을 넘어서는 강력한 힘을 발휘한다는 의미에서 최근 집단지성이 각광을 받게 되었다. 대표적 사례인 위키백과는 여러 명의 서로 다른 지성인들이 함께 지혜를 합쳐 백과사전을 만들어 가며 기존의 백과사전과는 달리 직접 결과물을 축적하는 것이 아니라 상호작용을 통한 내용의 확대와 갱신, 보안 등이 유기적으로 이루어지는 형태이다.

학습 공동체 안에서 학습자들 간에 개방적이고 지속적인 네트워크가 이루어지면 이 과정에서 서로 지식을 단순하게 전달하고 습득하는 것이 아니라 지식을 재구성하게 된다. 이와 같은 협력 학습이 미래의 새로운 교육 패러다임의 진형으로 받아들여지고 있다(박성익 외, 2015).

④ 윤리적 책무성에 대한 강화

과학기술의 발달과 정보의 공유는 윤리적인 문제를 동반한다. 이에 책임감 있는 인간, 윤리적인 인간은 4차 산업혁명 시대에 요구되는 강력한 교육철학이다. 클라우스 슈밥(2016)은 4차 산업혁명은 사람의 가치로 귀결된다고 강조하였다. 그는 인간은 미래를 만들되 사람을 제일 우선으로 하고, 사람에게 권한을 위임함으로써 미래가 모두를 위한 것이 되도록 해야 한다고 주장하였다. 4차 산업혁명에 대한 비판적인 관점에서는 인간성이 '로봇화'되고 그에 따라 인간의 정신과 영혼이 피폐해질 것을 우려한다.

4차 산업혁명시대의 도래는 인공지능의 발달로 인해 인간의 존엄성이 침해될 수 있고, 가상세계와 현실세계의 구분이 모호해짐에 따라 도덕적 행위도 무감각해지는 경향을 나타낸다. 새로운 기술은 사람을 기계의 일부로 봄으로써 윤리 규범을 붕괴시킬 우려를 안고 있다. 그러나 4차 산업혁명은 인간 본성의 정수인 창의성, 공감, 헌신을 보완하는 보완재의 역할을 하며, 우리의 인간성을 공동 운명체라는 생각에 바탕을 둔 새로운 집단적 윤리의식을 고양시키는 동력이 될 수 있다. 이에 교육의 방향은 도덕적 존재로서 인간의 존엄성을 강조하는 근본적인 교육이 요구된다. 단순히 좋은 인성 덕목을 나열하는 것이 아니라 도덕의 본질과 인간이 왜 도덕적으로 살아야 하는가에 대한 본질적인 의미를 찾는 교육이 필요하다(김은우, 유재봉, 2019).

생각주머니 열기

미래는 꿈꾸는 사람들의 것입니다. 1985년의 영화 〈Back to the Future〉에서 상상한 미래는 2015년이었답니다. 우리도 미래를 상상해볼까요? 30년 후 미래는 어떤 모습일까요?

CHAPTER 02

유아교사 리더십의 이해

개요

현대사회가 변화함에 따라 이전과는 다른 리더십을 요구하고 있다. 또한, 유아교사라는 특정한 직업에서 요구하는 리더십은 독특한 형태를 갖는다. 본 장에서는 현대사회에서 요구하는 리더십에 대한 전반적인 이해와 더불어 리더십의 개념을 정리하며 유아교사 리더십의 중요성에 대해 고찰해볼 것이다.

목표

- 리더십의 개념을 알 수 있다.
- 현대사회의 리더십을 이해할 수 있다.
- 유아교사 리더십의 필요성을 이해할 수 있다.

주요 용어

리더십
권위
권력
지위
관리

1. 리더십의 이해

리더십의 사전적 의미는, 조직 구성원으로 하여금 바람직한 조직목표에 자발적으로 협조하도록 하는 기술 혹은 영향력이다. 그러나 리더십의 개념은 연구자의 의도나 목적에 따라 다양하게 설명되기 때문에 하나의 개념으로 정의하는 것은 어렵다. 다음에서 연구자의 관점에 따른 리더십의 개념을 살펴보고 이들의 공통적인 요소를 알아본다.

(1) 리더십의 개념

리더십의 개념을 이해하기 위해 지도자의 자질, 지도자와 추종자와의 관계, 조직의 다양한 상황 등을 다각적으로 고려할 필요가 있다. 이에 네 가지 차원에서 리더십의 관점을 살펴보면 다음과 같다(이병진, 2003).

첫째, 리더십을 조직의 목표 성취를 위한 지도자 자신의 행동 혹은 일련의 과정으로 보는 전통적인 관점이다. 이러한 관점에서는 리더십의 개념을 리더가 구성원에게 목적과 목표를 제시하여 과제를 달성하도록 지시하는 행위로 본다.

- 공동의 목표를 향해 집단의 행동을 지시하는 개인의 행동(Hemphill & Conns, 1957)
- 리더가 그의 집단 구성원들의 일을 지시하고 조정하는 과정에 종사하는 특정한 행위(Fiedler, 1963)

둘째, 리더가 구성원들로 하여금 자신들이 맡은 과업을 달성하도록 유도하는 일련의 과정으로 보는 관점이다. 이러한 관점에서는 리더가 구성원들에게 기대하는 행동이나 과업을 달성하도록 하는 과정을 중시하며 리더가 구성원들의 행동을 어떻게 유도하는가 하는 것에 중점을 둔다.

- 타인을 자기가 바라는 대로 행동하도록 유도하는 과정(Bennis, 1959)
- 조직 구성원으로 하여금 주어진 과업을 달성하도록 유도하는 과정(Koonts & O'Donnell, 1972)

셋째, 리더십을 상황에 적합한 지도자의 영향력으로 보는 관점이다. 이러한 관점에서는 리더가 조직의 목표를 달성하기 위해 어떻게 영향력을 행사하는가 하는 것을 중시한다.

- 집단의 목표설정과 목표달성을 위하여 조직 구성원들의 활동에 영향을 주는 행위(Stogdill, 1974)
- 일정한 상황 속에서 목표 달성을 위해 개인 또는 집단의 활동에 영향력을 행사하는 과정(Hersey & Blanchard, 1993)

넷째, 최근 강조되는 관점으로 비전 제시, 가치 내면화, 조직 문화 창달, 자발적인 구성원들의 노력, 권한 위임, 조직에의 헌신 등에 초점을 둔 관점이다.

- 비전을 명확하게 하고 가치를 구체화하며, 어떤 일이 성취되도록 환경을 만드는 것(Richards & Engle, 1986)
- 집단적인 노력으로 목표를 제시하는 과정이며, 자발적인 노력을 목표달성을 위해 발휘하도록 하는 과정(Jacobs & Jaques, 1990)

이상과 같이 리더십을 바라보는 관점은 리더 개인의 능력에서부터 과정, 영향력, 구성원을 포함한 집단적 노력으로 확대되어 가고 있다. 리더십은 단순히 리더 개인에게 해당되는 것이 아니라 목표달성의 과정, 구성원의 활동, 환경조성과 같은 다양한 측면에서 개념화되어야 한다.

이에 리더십은 두 사람 이상이 주어진 상황에서 상호작용하는 과정이자 영향력이라고 볼 수 있다. 리더십의 개념 정의에서 공통적으로 나타나는 요소를 정리하면 다음의 두 가지이다(Sullivan, 2003).

- 리더십은 집단 현상이다. 최소한 두 사람이 개입되어야 한다. 즉, 리더는 누군가를 이끌어야만 한다.
- 리더십은 대개 의도적인 영향력을 내포하고 있다. 적어도 여러 사람들 중 한 명은 어떤 일이 발생하기를 원해야 한다.

〈그림 2-1〉에서와 같이 리더십의 개념은 리더, 추종자, 상황변수의 세 가지 요소로 정리된다(Hersey & Blanchard, 1993). 리더십이 어떤 상황에서든 발휘되어 문제를 해결하는 것이 아니라 리더의 인성, 직위, 전문성 등과 같은 요소들이 요구되고, 추종자들의 가치관, 규범, 응집력 등이 영향을 미친다. 리더와 추종자의 상호작용뿐만 아니라 어떠한 상황인가에 대한 부분도 고려되어야 한다. 주어진 과업이 어느 수준인가에 따라서 같은 구성원이라도 리더십이 발휘될 수도 있고 아닐 수도 있다. 또한 그 상황에서의 스트레스 수준, 주어진 환경조건도 영향을 미친다. 리더십이 잘 발휘되기 위해서는 리더와 추종자의 인적 환경이 가져야 하는 조건 외에 외부 상황적인 요소들이 함께 작동되어야 한다.

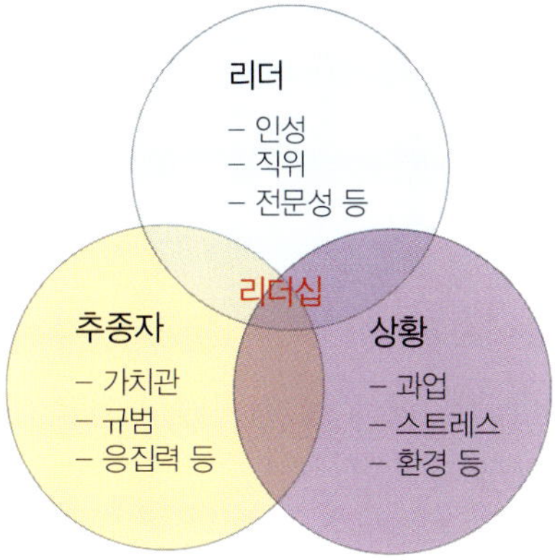

그림 2-1 리더십 발휘를 위한 3요소와 상호작용

출처: 이병진(2003). 교육리더십. 서울: 학지사.

(2) 리더십의 구성요소

리더십의 개념을 명확하게 하기 위해서는 리더십이 어떠한 요소들로 구성되어 있는가를 살펴볼 필요가 있다. 리더십은 리더, 집단, 추종자(팔로어), 상황, 과업의 요소로 구성된다(Gibb, 1947).

① 리더

리더십에서 가장 핵심적인 것은 지도적인 역할을 하는 지도자(leader)이다. 리더는 집단에 가장 큰 영향을 주는 사람이지만 반드시 높은 지위에 있는 것은 아니다. 리더가 권위와 지위를 함께 갖고 있다면 큰 영향력을 행사할 수 있지만, 지위와 권력이 크지 않은 사람이 리더가 되면 집단운영이 어려울 수 있다.

② 집단

리더십은 조직의 목표달성을 위하여 조직 내의 사람들이나 집단에 영향력을 행사하는 것이므로 반드시 집단이 필요하다. 리더십은 집단 밖에서 일어나는 행위가 아니라 집단 내에서 일어나는 행위이다.

③ 추종자(팔로어)

리더십은 집단현상이므로 리더를 따르는 추종자가 반드시 있다. 추종자는 리더의 권위나 지위에 의해 강제되는 것이 아니라 자발적인 추종행위로 나타나야 한다.

④ 상황

리더십은 조직 안의 상황에 따라 발휘 여부가 달라질 수 있다. 상황이란 조직 안의 사람들이나 집단들의 상호작용관계, 조직문화, 집단의 성격, 집단규범, 집단 활동의 제약 조건 및 이들에 대한 인식과 태도 등의 양상 등을 의미한다.

⑤ 과업

과업이란 조직의 목표 달성을 위해 집단의 구성원들에게 주어진 업무를 의미한다. 집단의 특성에 따라 과업의 성격은 달라진다. 같은 집단이라도 시기에 따라 과업이 달라질 수 있다.

(3) 리더십의 본질

리더십이 발휘되기 위해서는 추종하는 개인이나 집단이 존재해야 한다. 추종자나 집단이 없으면 리더는 있을 수 없다. 리더의 위치에 있는 사람일지라도 항상 권력을 갖고 영향력을 행사하는 것은 아니며 어떤 지위나 상황에서 리더십을 발휘했던 사람이 다른 지위나 상황에서는 리더십을 발휘하지 못할 수도 있다. 따라서 리더십은 지도자의 위상, 행위, 개인적 특성에만 달려 있는 것이 아니라 집단과 상황의 특성에 의존하며 그 내용은 다양할 수밖에 없다(윤정일, 송기창, 조동섭, 김병주, 2015).

리더십을 논의하는 데 자주 쓰이는 용어는 권력, 권위, 지위 그리고 관리이다. 다음에서 이러한 용어의 의미와 리더십의 관계를 살펴본다.

① 권력

권력이란 상대방의 태도나 행위에 영향을 미치는 능력이다(윤정일 외, 2015). 권력은 어떤 사람이 다른 사람의 행동에 영향을 미치기 위하여 어떤 형태의 이익을 이용하는 의도적이고 목적 있는 행동으로 설명할 수 있다(Sullivan, 2003). 권력은 구성원의 행동을 강제적으로 제압할 수 있는 힘이 있기 때문에 구성원들의 인정이나 합의 없이 발휘되는 특성을 갖는다. 그러나 권력이 있다고 해서 리더십을 가질 수 있는 것은 아니다. 리더십은 위계적이거나 계층적이지 않으며, 강압이 없이 구성원 스스로 행동하게 유도한다. 리더가 자신의 조직적 권력과 개인적 권력을 적절히 행사한다면 리더십은 자연스럽게 발휘되지만 그렇지 못한 경우에는 리더십이 발휘되기 어렵다.

② 권위

권위는 어떤 분야에서 사회적으로 인정받고 영향력을 행사할 수 있는 능력이나 위신을 의미한다. 권위의 궁극적 근거는 사람의 마음, 사람들의 승인에 있으므로 이를 지지하는 인간집단에 따라서 여러 권위가 존재한다. 또 어떤 사람에게는 인정되는 권위가 다른 사람에게는 통용되지 않는 경우도 있다.

권력(power)과 권위(authority)는 인간을 복종시키는 힘이며 위력이라는 의미에서 예로부터 흔히 동의어로 사용되어 왔으나 권력이 있더라도 사람들이 그 정당성을 승인하여야만 비로소 권위가 생긴다. 즉, 권위는 정당성을 획득한 권력이라고 볼 수 있다(두산백과, 2020). 권위는 집단이나 사회가 이미 만든 규칙 혹은 법규에 의한 합법적 지위를 바탕으로, 위에서 아래로 흐르는 공식적 특성을 가지고 있으며 하위자들에 의해서 받아들여져야 행사된다(이병진, 2003).

리더십은 구성원의 자발적인 인정에 의해 형성되는 것이므로 리더십을 발휘하는 리더는 권위를 만들려고 하지 않아도 저절로 만들어진다.

③ 지위

지위란 집단과 사회조직 속에서 개인이 차지하고 있는 자리로 상대적인 성격을 가지고 있기 때문에 비교가 된다. 지위는 역할과 불가분의 관계로 지위에 따라 역할이 결정되기도 하지만 역할에 따라 지위가 결정되기도 한다(서울대학교 교육연구소, 1995). 리더십은 지위를 결정하지는 않는다. 리더는 지위로 보았을 때 조직에서 최고의 위치를 가지고 있지만 지위가 높다고 해서 리더십이 높은 것은 아니다. 리더십이 높은 수준이면 높은 지위를 얻을 확률이 높아지기는 하지만 리더십 수준과 지위가 같지는 않다. 지위를 갖고 있지 않더라도 리더십을 잘 발휘하는 사람이 있을 수 있다.

④ 관리

관리는 조직의 목표 달성을 위해 조직의 협동적 노력을 지휘, 조정하는 과정을 말한다. 관리는 조직목표를 설정하고 계획을 세우며, 인적·물적 자원을 조직화하고, 구성원의 활동을 지휘, 조정, 통제하는 과정을 통해 이루어진다(이종수, 2009).

관리자는 목표달성에 있어서 변화보다는 현상유지 지향적이지만 리더는 변화지향적이다. 리더는 안정을 지향하는 관리자와는 달리 혁신을 중시하며 사람들이 해야 하는 일에 동의하도록 하지만 관리자는 사람들이 일을 좀 더 능률적으로 하도록 한다.

관리와 비교하여 명확히 나타나는 리더의 주요한 특징은 다음과 같다(Rodd, 2006).

- 일상적 문제 해결에 그치는 것이 아니라 전략적 발전
- 신뢰의 문화를 형성하기
- 조직의 목표와 비전을 분명하게 의사소통하기
- 계획하고 실행하고 다른 사람과 효율적으로 일하는 것 이상의 과제, 방향성, 영감

2. 현대사회의 교사 리더십

현대사회는 과학기술의 발달로 급격한 속도로 변화하고 삶의 전반이 달라지고 있다. 앞서 살펴본 바와 같이 기술 중심의 미래는 가치 중심, 인간 중심의 인식이 함께 결합되어야만 온전한 형태의 산업혁명의 의미를 형성할 수 있다. 리더십의 측면에서도 전통적인 리더십이 아닌 이전과는 다른 형태의 리더십이 요구된다.

(1) 미래사회의 리더십

클라우드 슈밥은 자신의 저서 『제4차 산업혁명 더 넥스트』에서 복잡성, 변혁성, 분산성을 가진 4차 산업혁명은 새로운 형태의 리더십을 요구한다고 주장하였다. 그에 따르면 미래사회에서 요구하는 리더십은 변화를 위한 공동의 비전을 함양하고, 글로벌 사회의 모든 이해관계자와 협력하며, 시스템이 주는 혜택의 공유방식과 대상에 대한 변화를 이끌어내고자 하는 목적을 가져야 한다. 이러한 리더십은 하향식 또는 권력을 가진 소수에 의해 이루어지는 것이 아니라 상호 신뢰와 협력의 맥락에서 모든 시민의 권리를 강화하고, 시민과 조직의 혁신, 두자, 가치전달을 기반으로 이루어진다. 궁극적으로 미래형 리더십은 우리의 사회, 경제 체제의 변화를 유도하여 지난 산업혁명의 실패를 답습하지 않도록 하는 상호 연계된 활동이며, 미래 세대를 포함한 모든 시민들에게 지속가능한 혜택을 제공하고자 하는 노력이라고 볼 수 있다.

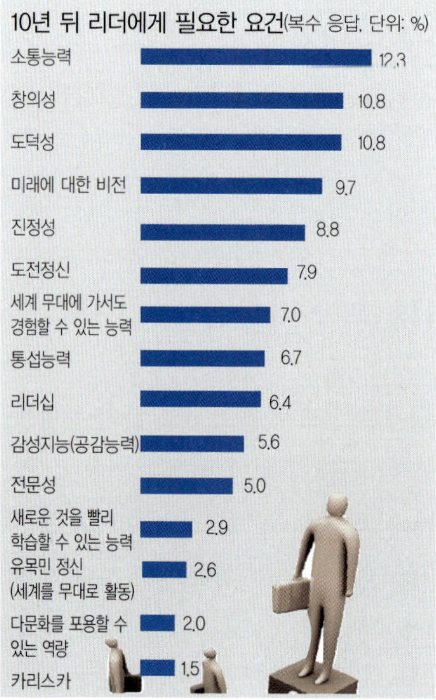

그림 2-2
10년 뒤 리더에게 필요한 요건

출처: 동아일보, 2014. 4. 3.

동아일보가 2014년에 100명의 자문위원에게 실시한 '10년 뒤 리더에게 필요한 요건'에 대한 설문조사에서 가장 높게 나타난 것이 '소통능력'이었다. 창의성, 도덕성, 미래에 대한 비전이 그 뒤를 이었으며, 전통적으로 리더에게 필요한 요건으로 꼽았던 카리스마는 1.5%에 불과했다. 즉, 미래의 리더는 '소통을 잘하는 창의성과 도덕성을 갖춘' 사람이다. 개인이 갖고 있는 뛰어난 능력인 전문성과 카리스마보다는 타인과의 관계가 핵심적인 리더의 조건이라고 볼 수 있으며 이는 미래사회의 인재상인 6C의 개념과도 일맥상통한다.

(2) 교사 리더십

교사에게 리더십이 필요한가? 이 질문에 답하기 위해서는 교사의 역할을 이해해야 한다. 교사는 단순히 지식과 정보를 전달하는 사람이 아니라 학생들과의 관계 맺기를 통해 지식과 정보를 효과적으로 이해시키고 생활전반을 지도하는 전문가이다. 가르치기와 리드하기는 속성이 비슷하다. 교사에게 리더십이 없다면 학생, 학부모와의 관계에서 힘을 발휘하기 어렵다. 교사 리더십에서의 힘이 갖는 의미는 권력이라기보다는 권위에 가까우며 신뢰와 통솔의 의미라고 볼 수 있다.

교사 리더십은 교수–학습 과정에서 다음과 같은 실질적이며 직접적인 리더십으로 발휘되어야 한다(이병진, 2005).

첫째, 교사들은 학생들과의 교수–학습활동에 있어서 전문적 수업 리더십을 발휘해야 한다. 교육조직의 가장 큰 목적은 전문적인 교육이다. 따라서 교사들에게 가장 중요한 교육리더십은 교육 전문가 단계에 이르는 전반적인 교육과정에서 발휘되어야 한다.

둘째, 교사들은 학급관리 리더십을 발휘해야 한다. 학급은 교사와 학생들이 만나서 활동하는 가장 최소의 단위이다. 따라서 교사들은 교수–학습이 원활히 이루어지고 학급 내 학생들의 소속감, 협동 및 응집성을 높일 수 있는 학급 분위기를 마련해야 한다. 단순한 교과지도가 아닌 생활지도 차원에서 학생 개개인의 성장, 발달을 도와야 한다.

셋째, 교사들은 교사 상호 간의 협동을 통하여 리더십을 발휘해야 한다. 교사들은 교수-학습 과정이나 학급관리에 있어서 교사 상호 간에 많은 정보를 교환할 필요가 있다. 따라서 교사들은 상호 우호적이고 협동적인 동료문화를 마련해야 하며, 교육활동에 대한 다양한 정보를 공유해야 한다.

넷째, 교사들은 교육조직에 영향을 줄 수 있는 다양한 외적 관련자들의 의견을 수렴하는 리더십을 발휘해야 한다. 학부모나 지역사회의 의견을 지속적으로 조사하고 수집하여 학급 내에 직접 반영하거나 상위 관리자가 교육적 판단을 하는 데 정보를 제공해야 한다. 또한, 학부모나 지역사회가 교육조직에 적극적으로 참여하도록 유도할 필요가 있다.

(2) 유아교사 리더십의 특성

리더인 교사가 리더십을 잘 발휘하면 추종자인 학생과 학부모는 교사를 신뢰하고 교사의 안내를 따르며 이를 통해 긍정적인 관계 맺기가 이루어질 수 있다. 만약 그렇지 않으면 추종자들은 리더를 의심하고, 리더의 운영방법에 대해 반발하게 되어 전체적인 반 운영이 어려워진다. 즉, 교사가 된다는 것은 자신이 원하든 원하지 않든 리더가 될 수밖에 없고 이 과정에서 리더십이 효과적으로 발휘되어야 한다는 것을 의미한다. 유아교사에게 리더십은, 있으면 좋은 것이 아니라 반드시 갖추고 발휘되어야 할 필수적인 역량이다. 다음에서 유아교사 리더십의 특성을 살펴보며 유아교사가 갖추어야 할 리더십에 대해 고찰해본다.

① 유아교육 현장 통심 리더십의 부재

유아교육에서 리더십은 여성들이 모여 있는 직업군이라는 특성으로 인해 충분한 논의가 이루어지지 않았다. 또한, 유아교사는 전문직이라기보다는 인내와 따뜻함을 가지고 아이들을 잘 돌보는 일을 하는 사람이라는 편협한 인식도 유아교사의 리더십을 제대로 연구할 수 없게 만들었다(Rodd, 2006). 유아교사 리더십 연구는 가장 높은 지위를 가진 원장의 리더십에 대한 것이 대부분이며 각 학급의 리더인 교사 개인의 리더십은 간과되어 왔다. 앞서 교사 리더십에서 언급한 것처럼 가르치기는 리드하기와 같은 속성을 갖고 있다. 학급에서의 수업, 생활지도, 학부모 상담, 동료교사와의 협력과 같은 교사의 업무가 원활히 수행되기 위해서는 유아교사 리더십이 반드시 필요하다. 또한 담임교사의 리더십에 대해 고민하는 것이 아니라 유아를 만나는 모든 교사가 자신의 지위에서 갖추어야 할 리더십에 대한 고민과 성찰을 해야 한다. 유아교육 현장에서 논의된 리더십에 대한 고민과 성찰을 통해 각 교사들은 리더로서의 자신의 역할을 인식하고 발휘할 수 있을 것이다. 이에 대한 연구와 이해를 바탕으로 학급운영의 리더, 기관운영의 리더뿐만 아니라 정부와 정책 수준의 리더를 육성해야 한다.

② 관계지향적인 리더십 통시

유아교사는 유아뿐만 아니라 그들의 가족까지를 교육의 대상으로 포함하는 특수성을 갖고 있기 때문에 더 높은 수준의 관계지향적인 리더십을 필요로 한다. 또한, 유아교육에서는 수업과 생활지도가 분리되는 것이 아니기 때문에 통합적 리더십이 요구된다. 유아교사는 유아의 생활지도를 하기 위해 직접적인 학습자가 아닌 유아의 가족에게도 리더십을 발휘해야 한다. 유아교사의 리더십은 긍정적인 관계 맺기를 통해 발휘될 수 있으므로 관계지향적 성격을 갖는다.

유아교육 현장의 리더들은 촉진자적인 역할을 하며 권위보다는 영향력에 더 관심을 기울인다(Rodd, 2003). 또한, 비전, 에너지, 책임감, 타인과의 긍정적인 관계를 중시하며, 주어진 과제나 업무를 효과적으로 처리하는 데 중점을 두는 것이 아니라 밀접한 관계의 구성원들이 공동으로 노력해 과제나 업무를 해결하는 공유와 협력중심의 특성을 갖는다. 유아교사의 리더십은 친밀감과 개별화에 대한 요구를 갖고 있으며 모두를 위한 협력과 집단적 성공의 풍토를 중요하게 여긴다(Rodd, 2003).

③ 리더십이 교육에 직접적 영향력 행사

학급을 담당하는 동안 교사와 유아, 학부모는 리더와 추종자라는 자연스러운 사회적 관계를 형성하게 된다. 교사는 유아들과 생활을 하며 끊임없이 유아들에게 영향을 준다. 교사가 하는 말, 행동, 감정조절의 방법 등은 유아에게 모델이 되고, 교사는 유아의 흥미, 생각, 기대, 느낌을 파악하여 적절한 지원과 지도를 하게 된다. 이는 리더와 추종자의 관계와 유사하다고 볼 수 있다. 그렇기 때문에 유아를 만나는 모든 교사는 리더이다. 교사가 갖는 리더십은 유아의 생활지도, 학부모 상담의 질을 결정한다. 유아교사의 리더십은 단순히 조직을 이끌어가는 수준의 것이 아니라 교육에 직접적인 영향력을 행사하게 되는 것이다. 따라서 유아교사 리더십은 원장 혹은 담임교사와 같은 책임과 지위를 가진 사람에게만 발휘되어야 하는 것이 아니라 유아교사 모두에게 필요한 것이라고 볼 수 있다. 이와 같이 유아교육 현장에서 발휘되는 리더십은 유아를 만나는 다양한 교사들에 의해 나타나는 다중적이고 공유적인 형태의 리더십이다.

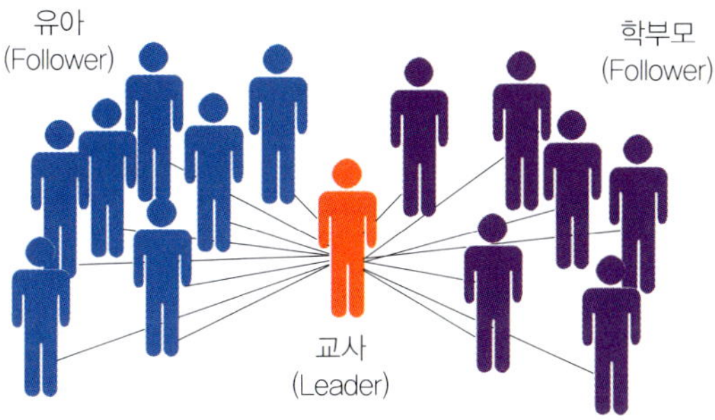

그림 2-3 유아교사와 유아·학부모의 관계

유아교사의 리더십에서 필요한 질문은 "리더십을 발휘해도 될까요?"가 아니라 "어떻게 하면 리더십을 더 잘 발휘할 수 있을까요?"라는 질문이다. 능력의 발달은 시간을 필요로 한다. 그것은 출생에서부터 시작하는 평생의 과정이며 삶과 경험과 같은 많은 요소에 의해 영향을 받는 상호작용적 과정이다. 한 인간은 학교에서 공부를 하는 것, 아르바이트를 하는 것, 기관에서 일하는 것, 이러한 각각의 경험으로부터 여러 가지를 배우게 되고 자신의 속도로 리더십을 형성하게 된다. 보조교사, 방과 후 교사로서의 경험 모두가 리더십 발달에 영향을 준다. 이 과정에서 리더십의 중요성을 이해한다면, 보다 높은 수준의 리더십을 갖게 될 것이다.

생각주머니 열기

유아교육 현장에서 혹은 다른 현장에서 만났던 사람들 중 좋은 리더라고 느낀 사람을 떠올려 보세요. 그들은 어떤 특성을 가지고 있었나요?

CHAPTER 03

리더십 이론과 유아교육적 적용

개요

리더십 연구는 누가 리더가 될 수 있는가에 대한 인간적인 호기심에서 출발하여 다양한 측면과 맥락으로 발전해왔다. 리더의 특성, 행동, 상황에 대한 연구는 전통적인 리더십 연구로 볼 수 있으며 이를 통해 리더는 타고나는 것이 아니라 여러 과업과 상황에 따라 변화된다는 것이 밝혀졌다. 전통적인 리더십 연구는 하나의 측면만을 연구하고 있기 때문에 통합적 관점에서의 현대적 리더십 연구가 요구되었고 이에 다양한 리더십 유형이 계속해서 논의되고 있다.

이 장에서는 이러한 리더십 연구의 흐름을 이해하고 이를 유아교육 리더십에 어떻게 적용할 수 있는지를 알아보고자 한다.

목표

- 리더십 연구의 흐름을 이해할 수 있다.
- 현대 리더십 연구에서 나타나는 리더십 유형을 알 수 있다.
- 유아교사 리더십 유형에 대해 이해할 수 있다.

주요 용어

리더십 특성론
리더십 행위론
상황적 리더십론
변혁적 리더십

1. 전통적 리더십 이론

리더십에 관한 연구는 오랫동안 사람들이 관심을 가져온 주제이다. 1950년대까지는 어떤 사람이 리더가 되는가에 대한 리더 개인의 특성을 밝히는 데 중점을 두다가 1960년대에는 집단의 사회적 요인이 강조되면서 조직 내 구성원의 요구를 충족시키는 리더의 행동에 대한 사회적 접근으로 변화하였다. 1960년대 중반 이후 80년대에는 리더의 성격과 조직의 상황에 따른 리더십을 연결시킨 상황론적 접근이 중심이 되었다. 다음에서 이와 같은 전통적인 리더십 이론에 대해 알아본다.

(1) 리더십 특성론(심리학적 접근)

사람들은 위인이나 영웅과 같은 특별한 사람들의 이야기에 관심이 많다. 리더십 연구는 어떤 사람이 리더인가, 어떠한 선천적 특성을 가지고 있는가 하는 것에 대한 원초적인 관심에서 시작되었다.

① 리더십 특성론의 개념

리더십 특성론은 리더 개인의 심리적 특성을 밝히는 데 주요 관심을 둔 이론이다. 아리스토텔레스가 말한 "출생의 순간부터 사람들은 추종자와 지배자로 운명 지어진다"는 말을 전제로, 리더가 되는 사람은 태어날 때부터 정해져 있다고 믿는다. 이러한 관점에서는 리더의 특성을 가진 사람에게 리더십 훈련을 했을 때만 효과가 있고, 그렇지 않은 사람들에게 하는 리더십 훈련은 효과가 없다고 생각하기 때문에 리더가 될 만한 사람을 확인하고 측정하는 것이 매우 중요하다. 즉, 리더십은 선천적 자질이며, 리더십을 효과적으로 발휘하기 위해서는 리더의 자질과 능력을 갖춘 사람이 리더로 임명되어야 하고, 동시에 교육훈련을 통해 그러한 능력을 발전시켜야 한다는 것이다(이병진, 2005).

많은 사람들은 리더십을 논할 때 12척의 배를 끌고 왜군을 물리친 이순신 장군, 평생을 타인에게 헌신하는 삶을 살았던 테레사 수녀, 인종차별을 위해 투쟁한 마틴 루터 킹 목사와 같은 위인을 떠올린다. 리더십 특성론은 이와 같은 특별한 사람들이 갖고 있는 공통적 특성에 주목한다.

Stogdill(1948)은 1904년에서 1947년까지 이루어진 124개의 연구를 개관하여 리더십과 연관된 인간적 특성을 다음의 다섯 가지 범주로 요약하였다.

- 능력: 지능, 기민성, 언어적 유창성, 독창성, 판단력
- 성취: 학력, 지식, 왕성한 기력
- 책임: 신뢰성, 주도력, 지구력, 의욕, 자신감, 남을 능가하겠다는 욕망
- 참여: 활동성, 사회성, 협동성, 적응성, 유머
- 지위: 사회경제적 지위, 명성

② 리더십 특성론의 한계

리더십 특성론은 1950년대에 이르러 다음과 같은 문제점이 드러나면서 강력한 비판을 받게 된다(윤정일 외, 2015).

첫째, 연구 결과에서 제시된 리더의 특성이 너무 많고, 어떤 연구에서 강조된 특성이 다른 연구에서는 나타나지 않아 리더에 대한 공통적인 특성을 발견할 수 없었다.

둘째, 수많은 연구에도 불구하고 리더와 팔로어를 구별할 수 있는 명확한 특성을 발견하지 못했다.

셋째, 특성론은 리더십 발휘와 관련하여 팔로어의 특성과 욕구의 영향을 무시하였고, 리더의 특성 간의 상대적 중요도나 과업환경과 같은 상황요소를 고려하지 못했다.

리더십 특성론의 연구를 통해 리더는 타고나는 것이 아니며 지도자로서의 특성을 갖추었다고 해서 직무수행을 효과적으로 하는 것도 아니고 그런 특성이 결여되었다고 해서 효과적인 리더가 못되는 것도 아니라는 것이 드러났다고 볼 수 있다(남정걸, 2015).

③ 리더십 특성론의 의의

리더십 특성론이 갖는 한계에도 불구하고 리더십 특성론은 오늘날까지도 자주 활용된다. 리더십이 선천적인 능력이라고 볼 수는 없지만 리더에게 필요한 특성이 있다는 것은 인정된다. 리더와 리더가 아닌 사람을 비교하는 초기 연구와는 달리 최근의 연구에서는 성공적인 리더는 분명히 타인과 구별되며 리더를 성공하게 하는 데 기여하는 특성이 있다는 것을 보여준다.

Katz(1974)는 리더의 인성적 특성보다는 과업과 관련된 특성을 중요하게 보고, 효과적인 리더십을 위해 요구되는 기술을 사무능력(technical skill), 인간관계 능력(human skill), 상황파악 능력(conceptual skill)의 세 가지로 구분하였다. 이러한 기술은 모든 사람에게 공통적으로 요구된다기보다는 지위에 따라 하위직원에게는 사무능력, 중간관리자에게는 인간관계능력, 최고경영자에게는 상황파악능력이 필요하다고 보았다.

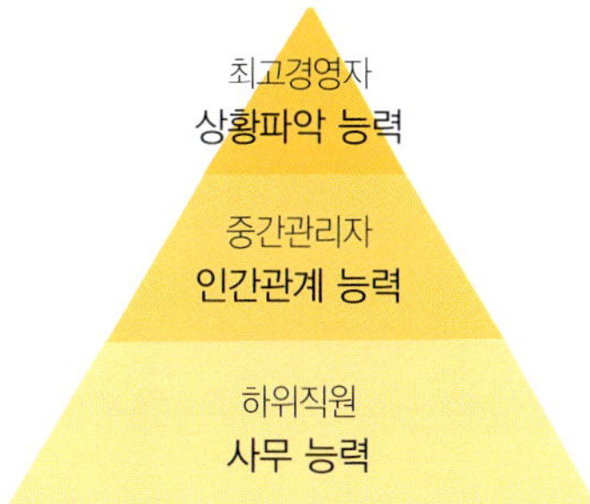

그림 3-1 직위와 직책에 따라 필요한 능력

지난 1세기 동안 수행한 다양한 리더십 연구에 나타난 수많은 성격 특성을 5대 특성으로 통합한 개념적 틀이 5대 성격특성 모형이다(남정걸, 2015). 5대 성격 특성 요인은 다음과 같다(Judeg, 2002).

① 외향성(extroversions): 외향적 성격은 안정적 인간관계를 잘 유지하는 데 도움이 된다. 타인과 어울리기 좋아하고, 자신의 존재를 과시하며 사교적이다.

② 성실성(conscientiousness): 성실성은 신뢰성의 척도이다. 성실성이 높은 사람은 책임감이 있고 조직적이며 의지할 수 있고 꾸준한 성향을 보인다. 성실성이 낮은 사람은 쉽게 산만해지며 혼란스럽고 믿을 만하지 못하다.

③ 경험에 대한 개방성(openness to experience): 경험에 대한 개방성은 새로운 경험에 대한 흥미와 매혹되는 정도를 말한다. 개방적인 사람은 창의적이고 호기심이 많으며 예술적 감수성이 강하다. 이와 반대인 사람은 인습적이며 친숙한 것에 위안을 찾는다.

④ 정서적 안정성(emotional stability): 정서적 안정성은 신경증과 반대된 것으로 스트레스를 이겨내는 사람의 능력이다. 정서적 안정감이 있는 사람은 침착하고 자신감이 있으며 안정적이다. 정서적

으로 불안한 사람은 초조하고 걱정이 많으며 의기소침하고 불안정하다.

⑤ 우호성(agreeableness): 우호성은 타인에 대한 경의를 표하는 개인의 특성을 말한다. 우호성이 높으면 협력적이고 마음이 따뜻하고 믿음이 간다. 우호성이 낮은 사람은 냉정하고 불쾌감을 유발하며 적대적이다.

(2) 리더십 유형론(행동과학적 접근)

리더가 갖고 있는 특성이 존재하지 않는다는 것을 인식한 연구자들은 리더의 특성이 아닌 행위에 관심을 갖기 시작했다. 리더의 어떤 행동이 리더십을 효과적으로 발휘하도록 하는가에 집중한 것이 리더십 유형론이다.

① 리더십 유형론의 개념

리더십 유형론은 1950년대 초기에 등장한 관점으로 어떠한 리더십의 형태가 다른 리더십 형태보다 효과적인가 하는 것을 연구한다. 한 집단에서 리더의 효과성은 리더의 행동 패턴에 의해 결정된다는 것을 전제로, 리더의 실제 행동에 대한 연구를 수행하였다. 이 이론은 리더의 행동에 따라 성공적 리더와 실패한 리더가 구별된다고 보기 때문에 리더가 어떠한 사람인가가 아니라 리더가 어떤 행동을 하느냐를 분석한다.

많은 학자들이 리더의 행동에 관한 연구를 분석한 결과 다음의 두 가지 유형이 공통적으로 나타났다(이병진, 2005).

■ 과업지향적 지도 유형

과업 목표의 달성을 무엇보다 중요시하고 필요한 과업을 분배하고, 지시하고, 작업활동을 감독하는 것이 리더의 가장 중요한 임무라고 보는 유형이다.

■ 인간지향적 지도 유형

리더의 기능을 발휘하여 조직 구성원의 문제점을 해결하고 외부의 압력으로부터 보호하며 집단의 결속력을 높이는 것이라고 보는 유형이다.

다음에서는 리더십 유형을 분석한 연구 중 교사리더십 유형을 다룬 아이오와 대학의 연구를 소개한다.

아이오와 대학의 연구

1938년 Lewin은 Lippitt, White와 함께 처음으로 리더십에 관한 행동적 접근방법을 시도한 '리더십과 집단생활의 실험적 연구'를 실시하였다. 이 연구는 친교관계, 교사의 평가 및 학교성적 등 몇 가지의 자료를 고려하여 선출된 11세의 초등학생들을 대상으로 하고 있으며 이들을 다섯 명씩 4개의 집단으로 구분하여 각종 재료를 주어 장난감을 만들게 하였다. 한 집단은 통제집단으로 하고 세 집단은 교사들에게 전제적, 민주적, 자유방임적 리더의 역할을 수행하도록 하여 각 유형의 리더십이 아동들에게 미치는 영향과 리더가 바뀔 때 집단과 아동들에게 미치는 영향을 연구하였다.

이 연구에서 교사가 수행한 리더의 행동특성을 구체적으로 살펴보면 다음과 같다(Lewin, Lippitt & White, 1939).

■ **권위형 또는 전제적 리더십(authoritarian leadership)**

집단의 형태, 목표뿐만 아니라 기술적인 문제, 활동과정, 세부작업까지 리더가 결정하고 지시하는 형태로, 집단의 운영은 과업 지향적이며 평가도 리더의 주관적 기준에 의하여 이루어진다. 구성원의 반응 양식은 다음과 같다.

- 구성원은 자발적 행동을 잘하지 않고 작업의 양에 비해 질이 낮으며, 의견교환이 적어 공동체의식이 약함
- 리더는 매우 지시적이었고, 의사결정에 참여를 허용하지 않음
- 리더는 하위자들을 위해 작업 상황을 완벽하게 구조화함
- 리더는 완전한 권한을 가지고 있었으며, 과업의 시작에서 완료까지 완전한 책임을 맡음

■ 민주적 리더십(democratic leadership)

중요한 의사결정이 구성원의 자발적인 참여, 토의에 의하여 이루어지며 기술적인 문제, 활동과정, 세부작업 등이 구성원의 토의와 기준에 의해 자율적으로 이루어진다. 집단 운영은 구성원에 대해 동기유발을 하는 데 중점을 두고, 평가도 객관적인 기준에 의하여 자율적으로 이루어진다. 구성원의 반응양식은 다음과 같다.

- 구성원은 자발적으로 행동하며, 작업의 양과 질이 우수하고 의견교환이 활발하여 공동체의식이 강함
- 리더는 집단토론과 의사결정을 촉진함
- 구성원은 리더에게 영향을 미치는 조건에 관한 정보를 제공받음
- 리더는 구성원이 아이디어를 표현하고 제안들을 제시하도록 격려함

■ 자유방임형(laissez-faire leadership)

집단의 정책 등 중요한 사항뿐만 아니라 기술적인 문제, 활동과정, 세부작업 등을 구성원에게 맡기고, 리더의 참여를 최소화하며 집단의 운영은 자유방임적으로 이루어지고 평가도 가급적 하지 않는다. 구성원의 반응양식은 다음과 같다.

- 구성원은 독자적으로 행동하며, 생산성이 낮고, 의견교환이 없어 공동체의식이 약함
- 리더들은 집단에게 완전한 자유를 주었으며 구성원들이 그들 스스로 개인적 결정을 하도록 내버려두었음

이 실험 결과 교사가 민주적일 때 아동의 작업동기, 창의력, 집단정신과 우정이 더욱 강해져 가장 능률적이었다. 교사가 전제적일 때 아동들의 반응은 의존적이면서도 불만, 적개심, 공격성이 나타나고 교사가 없으면 작업은 중지되었으며 교사가 자유방임적이었을 때 가장 능률이 낮았다. 실험에 참가한 20명 중 19명이 민주적 교사를 가장 좋아했다(남정걸, 2015).

이 결과를 정리하면 다음과 같다(Lewin, Lippitt & White, 1939).

- 아동들은 세 가지 리더십 유형 중 민주적 유형을 가장 선호하였다.
- 아동들은 전제적 리더십보다 자유방임형 리더십 유형을 선호하였다.
- 전제적 리더십 유형의 교사가 있는 아동집단에서는 리더에 의해 야기된 좌절감에 대한 저항이라고 생각되는 공격적 행동, 무관심한 행동이 나타났다.
- 리더십 유형이 전제적 유형에서 자유방임적 유형으로 바뀌었을 때, 아동들의 무관심한 행동은 공격적 행동으로 변하였고, 자유방임적 리더십의 유형에서 공격적 행동이 가장 많이 나타났다.
- 생산성은 민주적 리더보다 전제적 리더하에서 조금 높았으며, 자유방임적 리더에서는 가장 낮았다.

② 리더십 유형론의 한계

리더십 유형론은 어떤 상황에서든 효과적으로 적용될 수 있는 리더십 유형을 발견하려는 시도였으나 이것만으로는 리더십을 둘러싼 상황

의 차이와 상황의 변화에 따른 리더십을 설명할 수 없었다. 또한, 리더의 행동이 집단구성원들에게 어떤 영향을 주느냐 하는 것을 연구했기 때문에 집단구성원과 외부환경이 리더에게 미치는 영향에 대해서는 간과하였다.

따라서 리더십에 대한 행위이론들이 집단의 효과성에 일관성 있는 결과를 보여주지 못함에 따라 리더와 집단 구성원 및 상황 간의 상호작용을 중시하는 상황이론이 대두되게 되었다.

(3) 상황적 리더십론(사회학적 접근)

리더십 연구자들은 리더십의 발휘는 단순히 개인의 특성이나 행동만으로는 설명되기 어렵다는 것을 인식하였다. 이에 리더십 행위가 상황에 따라 달라질 수 있다는 사회학적 접근으로 상황적 리더십론이 대두되었다.

① 상황적 리더십론의 개념

상황적 리더십론은 리더십의 결정 요인으로 리더의 특성, 리더의 행동 형태뿐만 아니라 리더십을 둘러싼 상황까지 추가한 접근으로, 리더가 집단이 처한 특수한 상황에 대하여 역동적이고 융통성 있게 적응할 때 리더십의 효과가 극대화될 수 있다고 보는 관점이다. 따라서 상황적 리더십론은 리더의 특성과 행동의 중요성을 인정함과 동시에 리더의 특성과 행동은 지도자가 리더십을 발휘하는 상황적 맥락 속에서 고려되어야 한다는 점을 강조한다.

리더십의 유형에서 민주적 리더십이 가장 효과적이라고 생각하지만 위급한 상황에서는 구성원의 이야기에 귀를 기울여줄 수 없다. 급박한

재난 상황에서 책임자가 구성원의 의견을 듣고 조율한다면 문제를 해결하기 어렵기 때문에 이때는 과업중심의 지시적인 리더십이 필요하다. 반면 전문가로 구성된 전문집단인 연구소나 대학의 경우는 지시를 최소화하는 자유방임적인 리더십이 더 효과적이다.

이러한 상황적 리더십이 가정하고 있는 기본적인 관점은 다음과 같다(이병진, 2005).

- 리더십은 리더가 집단관계에서 보여주는 행동유형으로 설명된다.
- 리더의 행동은 지시적, 권위적일 수도 있고 참여적, 민주적일 수도 있다.
- 모든 조건 속에서 통용될 수 있는 가장 효과적인 리더십은 없으므로 리더의 행동유형을 선택하는 데 있어서 상황 조건의 고려는 필수적이다.
- 효과적인 리더십 유형의 선택은 상황적 조건에 의해 결정된다.

이상과 같이 모든 상황에 적용될 수 있는 가장 효과적인 리더십 유형은 없으며 상황적 리더십 이론은 어떠한 상황적 조건에서 어떠한 리더십 유형이 더 효과적인가를 예언해주는 것이라고 볼 수 있다.

Fiedler의 상황론

상황적 리더십론을 최초로 개념화한 학자는 Fiedler(1963)는 15년간의 경험연구를 통해 상황적합 이론(Contingency model)을 제시하였다. 이 이론은 높은 집단 성취를 달성하는 데 있어서 이상적인 리더 유형은 없으며 리더가 처한 특수한 상황에 적합하게 행동하면 효과적일 수 있다고 본다. 상황을 결정하는 변인을 리더와 구성원의 관계, 과업의 구조, 리더의 지위권력의 세 가지로 제시하고, 리더가 리더십 유형을 결정할 때 세 가지 상황을 고려하여 적절한 판단을 해야 리더십이 효과적으로 발휘될 수 있다고 보는 것이다.

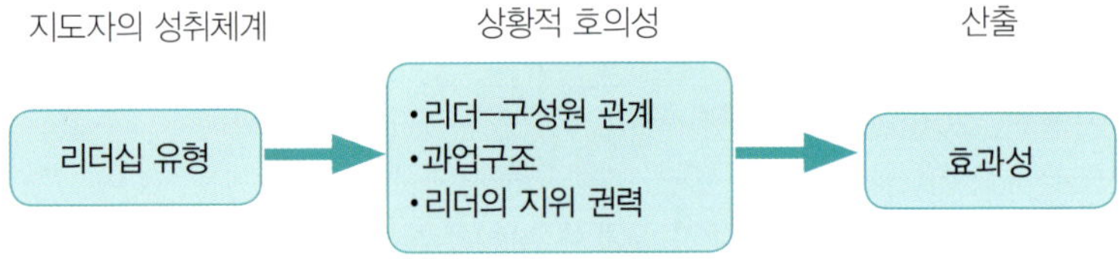

:: 그림 3-2 Fiedler 상황론의 주요 변인

출처: 윤정일 외(2015). 교육행정학원론. 서울: 학지사. p. 104.

상황적 호의성의 주요변인인 리더와 구성원의 관계, 과업구조, 리더의 지위 권력을 구체적으로 살펴보면 다음과 같다(윤정일 외, 2015).

■ **리더와 구성원 간의 관계**

리더와 구성원 간의 관계는 리더와 집단 간의 상호관계의 질을 의미하며 리더가 구성원들에게 받는 신뢰와 존경의 정도가 우호적인가 비우호적인가를 측정하는 것이다. 구성원들이 리더를 존경하고 신뢰한다면 리더는 과업 달성의 과정에서 쉽게 영향력을 행사할 수 있다.

■ **과업구조**

과업구조는 과업의 특성을 의미하며, 과업의 구조화 정도는 구성원들이 과업의 본질이 구조적인지 비구조적인지를 인식하는 정도에 달려 있다. 과업이 명확하게 규정되고 수행방법이 체계화되어 있으면 구조화되었다고 본다. 리더는 구성원들이 구조적인 과업이라고 인식한 경우 구성원들에게 상당한 영향력을 행사할 수 있지만 비구조적인 과업이라고 인식한 경우는 목적이 명료하지 않아 영향력을 행사하기 어렵다.

■ 리더의 지위권력

리더의 지위권력은 리더가 공적 지위를 차지함으로써 생기는 권력을 의미한다. 리더가 구성원들에게 보상을 하거나 벌을 줄 수 있는 지위에 있고 그만큼의 권력을 가지고 있는가에 대한 것으로 리더가 가진 지위권력이 많을수록 리더십이 더 잘 발휘될 수 있다.

Fiedler는 이러한 세 가지 상황 변수에 의하여 여덟 가지의 집단 상황이 나타난다고 보았다. 그 주요 연구결과는 크게 두 가지로 첫째, 과업중심 리더는 상황이 아주 호의적이거나 비호의적일 때 효과적일 것이다. 둘째, 관계중심적 리더는 상황이 중간 정도일 때 효과적일 것이다로 정리된다.

② 상황적 리더십론의 한계

상황적 리더십은 리더의 특성과 행동뿐만 아니라 상황을 고려했다는 점에서 의미가 있지만 리더가 상황을 정확하게 분석하는 것은 쉽지 않은 일이기 때문에 상황적 리더십론 역시 한계가 있다.

첫째, 연구자마다 각기 상황적 변인을 다르게 설정하고 있는데 이것이 너무 다양하고 명확하게 진술되지 않아 검증하기 어렵다.

둘째, 리더가 실제 집단을 운영하는 과정에서 매번 상황을 분석하여 최적의 행동을 도출하기에는 시간적 여유가 없고, 그만큼의 능력이 없을 수 있다.

셋째, 상황적 리더십론은 리더에게 현실적으로 적용이 가능한 일반적인 원리를 제공하지 못한다.

2. 현대적 리더십 이론

전통적인 리더십인 리더십 특성론, 리더십 유형론, 상황적 리더십론 등의 연구를 통해 리더십에 대한 이해와 중요 요인들이 밝혀지고 수용되었지만 이들 이론은 리더의 특성, 행동, 상황이라는 하나의 측면만을 강조하였다는 한계를 갖는다. 1990년대 초에 이르러 복잡해지는 사회적 흐름에 따라 리더십에 대한 통합적 접근방식이 요구되었으며, 전통적 리더십의 대안으로 영감적인 접근인 카리스마적 리더십, 변혁적 리더십 이론이 등장하고, 서번트 리더십, 슈퍼 리더십 등이 대두되었다.

(1) 카리스마적 리더십

카리스마(charisma)는 기독교적 용어로 '은혜', '무상의 선물'이라는 뜻이다. 리더십 연구에서 카리스마를 처음 사용한 웨버(Weber)는 카리스마를 어느 특정한 사람을 다른 사람들과 구분되게 하는 특징으로 초자연적인, 초인간적인 또는 비상한 힘과 능력을 가졌다고 사람들이 믿음으로써 생기는 것으로 보았다(강준만, 2008).

카리스마적 리더십에서 리더와 팔로어의 관계는 절대적인 신앙처럼 지배와 복종형태를 갖는다. 이 지배의 의미는 법이나 관습에 대한 지배가 아닌 카리스마를 가진 리더에 대한 개인적이고 절대적인 복종이라는 점이 독특하다. 즉, 탁월한 비전, 가능성 있는 해결책, 압도하는 인간적인 매력을 소유한 리더에게 복종과 충성을 나타내는 강력한 영향력을 카리스마적 리더십이라고 볼 수 있다(윤정일 외, 2015).

카리스마적 리더란 개인적인 능력과 신념으로 팔로어에게 지대한 영향을 끼치는 사람이다. 또한, 권력에 대한 강한 욕구와 고도의 자신감,

자신의 생각과 이상에 대한 강한 신념을 가지고 있다. 카리스마적 리더가 가지고 있는 인성의 특성은 성취 지향성, 창의성과 혁신성, 높은 열정과 참여, 자신감, 높은 사회적 욕구, 높은 수준의 업무 참여와 모험성향, 민감성과 배려심으로 볼 수 있다. 그러나 카리스마적 리더십은 단순히 이러한 리더의 능력만을 의미하는 것이 아니라 타인의 신념, 가치, 행동과 수행에 강한 영향력을 행사하는 것이므로 리더와 팔로어의 관계에 초점을 맞추어 이해해야 한다.

팔로어들은 리더의 신념과 사명에 동감하고 극단적인 충성과 도에 지나친 존경과 애정, 숭배, 신념을 나타내며, 리더의 가치관과 행동을 모방하고 그와 관계있다는 사실에 자긍심을 갖는다. 카리스마적 리더의 행위가 팔로어의 태도와 행위에 영향을 미치는 방법은 다음과 같다(Yukl, 2010).

- 호소력 있는 비전을 명확히 보여준다.
- 비전을 표명할 때는 강하면서도 의미심장하게 표현한다.
- 높은 기대를 하도록 한다.
- 팔로어에 대한 신뢰를 나타낸다.
- 비전과 일치하는 행동을 솔선수범한다.
- 리더에 대한 팔로어들의 인상을 관리한다.
- 집단이나 집단과의 일체감을 갖게 한다.
- 팔로어에게 힘을 실어준다.

카리스마적 리더는 팔로어들의 강한 신뢰감과 애정을 바탕으로 취약한 상황에서도 효과적인 영향력을 발휘할 수 있다. 그렇기 때문에 위기, 격동, 변화 요구가 높은 상황에서는 이러한 리더십 유형은 큰 효과가 있다. 또한, 카리스마적 리더십 이론은 특성론이나 행동유형론의 모형보다 리더가 팔로어에게 미치는 영향력이 크다는 것을 설명해 주기 때문에 팔로어에게 지나치게 특별한 영향력을 행사하는 리더의 사례를 설명할 수 있다.

그러나 카리스마적 리더십이 갖는 한계 역시 같은 맥락에서 설명될 수 있다. 첫째, 카리스마적 리더십은 리더와 팔로어의 관계에 과도하게 초점이 맞추어져 있어서 상황적 변인을 간과하고 있다(윤정일 외, 2015). 둘째, 카리스마적 리더는 자신에 대한 팔로어들의 무조건적인 복종과 존경을 중시하고, 그들이 개인적 이해를 떠나서 집단 전체를 위해 노력하는 것을 알면서도 팔로어의 자아실현을 위한 자율적 노력을 격려하지 못한다. 셋째, 카리스마적 리더는 위험스러운 결정을 하는 경향이 있어서 실패를 초래할 수 있으며, 리더의 지나친 자신감과 낙관주의가 전략의 결함이나 비현실성을 판단하지 못하게 하여 리더의 지위를 잃게 될 수도 있다(남정걸, 2015).

(2) 변혁적 리더십(transformational leadership)

전통적 리더십 이론은 리더십을 리더와 팔로어 사이의 타협이나 교환적인 관계로 보고 있으며 리더가 팔로어에게 보상과 같은 긍적적 강화를 주고 팔로어는 그 대가로 일을 하는 거래적인 측면이 드러난다. 번즈(Burns, 1978)는 이와 같은 전통적 리더십 이론들을 거래적 리더십 이론(transactional leadership theory)이라고 하고, 대조되는 관점으로 변혁적 리더십 이론(transformational ledership theory)을 주장하였다. 번즈는 '변혁'이 단순히 다른 것으로 대체하는 '바꾸다'의 의미가 아니라 개구리가 왕자가 되는 것 같은 수준의 사물의 상태나 본질 그 자체를 변화시키는 것을 의미한다고 보았다.

변혁적 리더십이란 비록 리더가 권력을 사용하여 팔로어의 행동에 영향을 미치지만 리더의 능력은 팔로어의 태도를 변화시키고, 그들의 동기와 도덕 수준을 높이며 그들과의 통합적인 과정을 통해 집단에 대한 사명감을 형성하는 것이다(남정걸, 2015). 이를 위해 리더는 단순히 상황에 부합되는 특성을 가지고 그에 맞는 행동을 해 나가는 것이 아니라 자신의 특성과 행동에 맞게 상황을 변혁하고 개선해 나가야 한다. '변혁'이 갖는 의미는 팔로어의 변혁, 리더에 맞는 상황의 변혁과 관련된다. 변혁적 리더십이 발휘되었을 때 팔로어는 리더로서 목소리를 가질 수 있고, 리더는 도덕적 행위자가 되어 집단의 전체적인 변혁을 이끌어낼 수 있다. 이러한 변혁적인 리더십은 대부분의 사람들이 생각하는 이상적인 리더에 가깝다.

:: 그림 3-3 변혁의 의미

변혁적 리더십 이론은 바스(Bass, 1990)에 의해 발전됐으며 변혁적 리더십의 구성요인으로 이상적인 영향력, 감화력, 지적 자극, 개별적인 배려의 네 가지를 규정하였다.

① 이상적인 영향력(idealized influence)

이상적인 영향력은 리더가 높은 기준의 윤리적, 도덕적 행위를 보이고 목표 수행과정에서 발생하는 위험을 구성원과 함께 분담하며 자신보다는 타인의 욕구를 배려하고 개인의 이익이 아니라 집단의 이익을 위해 행동할 때 나타난다. 이러한 리더의 행동은 구성원의 존경과 신뢰를 얻게 되며 팔로어에게 강력한 영향력을 행사하게 되므로 카리스마로 설명될 수 있다.

② 영감적 동기유발(inspirational motivation)

영감적 동기유발은 집단의 미래와 비전을 창출하는 데 사람들을 참여시기고, 구성원이 바라는 기대를 분명하게 전달함으로써 집난의 문제를 해결할 수 있고 집단이 발전할 수 있다고 믿도록 구성원의 동기를 변화시켜 공동체 정신, 낙관주의, 열정과 헌신을 이끌어내는 것이다.

③ 지적인 자극(intellectual stimulation)

지적인 자극은 일상적인 생각에 의문을 제기하고 문제들을 재구조화하며 종래의 상황을 새로운 방식으로 접근함으로써 구성원들이 혁신적이고 창의적이 되도록 유도하는 것이다.

④ 개별적인 배려(individualized consideration)

개별적인 배려는 성취하고 성장하려는 개개인의 욕구에 특별한 관심을 보임으로써 새로운 학습 기회를 만들어 구성원이 잠재력을 계발하고 자신의 개인적 발전을 모색하며, 그에 대해 책임지도록 하는 것이다.

변혁적 리더십은 리더가 네 가지 구성요소를 적절하게 사용할 때 효과적으로 발휘된다. 앞서의 거래적 리더십과 변혁적 리더십은 반대되는 개념이라기보다는 상호보완적인 관계로, 변혁적 리더십은 거래적 리더십만으로는 이룰 수 없는 수준의 팔로어의 수행을 이끌어내어 더 높은 성취를 하게 한다. 따라서 가장 좋은 리더는 거래적이면서 변혁적인 리더라고 할 수 있다.

(3) 서번트 리더십(servant leadership)

서번트 리더십은 그린리프(Greenleaf, 1977)가 처음 개념화한 것으로 자기 자신의 이익보다 팔로어가 성장하고 발전하도록 도와주는 데 초점을 두는 리더십이다. '섬김의 리더십'이라고 번역되기도 하여 종교적인 지도자들과 관련된 연구에서 많이 논의된다.

서번트 리더십의 리더는 목적달성을 위해 권력을 행사하지 않으며 설득을 중요하게 여긴다. 중요한 행동특성으로 경청, 강조, 설득, 의무, 잠재력 계발을 강조하며, 비전과 영향력, 진실성과 신뢰를 중요시한다는 점에서 변혁적 리더십과 유사하다고 볼 수 있다. 전통적인 관점에서 집단은 리더를 정점으로 놓고 팔로어를 아래에 놓는 피라미드 구조인데 반해 서번트 리더십은 역 피라미드 구조로 리더가 밑에서 집단을 지원하고 행동에 대한 책임이 집단의 전체로 분산되도록 하는 형태를 갖는다(남정걸, 2015).

뉴스트롬(Newstrom, 2011)은 서번트 리더십의 목적을 타인이 자신의 재능을 충분히 계발하고 성공하도록 돕는 것으로 보고, 이러한 목적달성을 위해 리더는 다음과 같은 행동을 해야 한다고 보았다.

- 적극적이고 동감하면서 경청한다.
- 자기의 태도와 감정을 더 잘 이해하도록 자기반성에 열중한다.
- 타인을 동등한 자로서 존경으로 대한다.
- 자신의 잘못을 인정하고 자신의 약점을 고백하고 타인의 도움을 요청한다.
- 대화에 열중하고 상대가 이해하기 쉽게 설명한다.
- 참여자 각자의 가치와 기여도를 확실히 인정한다.
- 자신이 갖고 있는 가치를 분명히 밝히고 그에 따라 일관되게 행동하여 신뢰를 얻는다.
- 다른 사람들이 성공하도록 돕는 것에 중점을 둔다.

서번트 리더십에 대한 관심은 점점 높아지고 있다. 교육의 영역에서 학교는 회사와 같은 업무 중심의 집단이 아니라 교수–학습이라는 상호적인 관계에 있고, 학생뿐만 아니라 학부모라는 관계까지 포함하기 때문에 교육서비스라는 측면에서 서번트 리더십에 대한 연구가 필요하다. 또한, 학교 집단에 있어서 각 교사는 전문가로서 자율적인 교수행위를 하고 있기 때문에 학교의 리더들은 '밑에서 위로'의 집단 지원자로서 서번트 리더십에 대한 이해가 필요하다.

(4) 슈퍼 리더십(superleadership)

슈퍼 리더십은 만츠(Manz)와 심스(Sims, 1989)에 의해 제안된 리더십 이론으로 구성원들의 자발적인 리더십을 계발하여 활용하는 새로운 방식의 리더십이다(윤정일 외, 2015). 슈퍼 리더십의 관점에서는 집단이 공식적인 권력과 권위, 간섭과 통제라는 전통적인 방식으로 관리되기 때문에 비효율적이라고 지적한다.

슈퍼 리더십의 리더는 자신의 독특한 특성이나 능력보다 구성원들이 스스로 지도자로서의 능력을 계발하고 활용할 수 있도록 하는 리더의 능력을 중시한다. 리더는 집단의 구성원들이 스스로 자율적 리더십을 계발하고 이를 통해 집단의 과업을 효율적으로 수행하고 생산성을 높일 수 있도록 역량을 발휘해야 한다(윤정일 외, 2015).

즉, 슈퍼 리더십은 집단 구성원 각자가 스스로를 통제하고 자신의 삶의 진정한 주인이 될 수 있도록 자율적 리더십을 계발하는 데 중점을 두는 리더십 개념이라고 할 수 있다. 이때 자율적 리더십은 구성원 개개인 자율성을 발휘하게 되는 것을 의미하며, 슈퍼 리더십은 리더가 구성원 개인을 리더로 성장시킴으로써 단순히 '구성원의 리더'가 아니라 '리더들의 리더'가 되게 하여 모든 구성원을 리더로 변혁시키는 리더십이다(주삼환, 2003).

이 이론은 학교와 같은 전문직 종사자들이 있는 집단 경영에 의미있는 시사점을 준다. 전문직 종사자들은 직무수행 과정에서 독립적으로 일하고 과업의 특성상 자율성과 책임이 기반이 되기 때문에 개인의 자율성은 매우 중요하다. 각 개인의 리더십을 증진시키는 슈퍼 리더십은 모두가 효과적인 리더가 될 수 없다는 한계는 있지만 자율적인 리더십을 증진시키려는 노력을 한다는 점에서 의미를 찾을 수 있다.

3. 리더십 이론의 유아교육적 적용

리더십 이론을 유아교육에 적용하기 위해서는 유아교사가 어떠한 리더십을 가져야 하는가에 대한 고찰이 필요하다. 고정적인 리더십 유형을 고수하는 것이 아니라 리더십의 유형이 갖고 있는 시사점을 중심으로 이해하는 것이 중요하다.

(1) 유아교육 리더의 자질

지금까지 유아교육에서의 리더의 자질에 대한 논의는 아이를 돌보는 여성의 영역으로 다루어져 전문적인 자질에 대한 고민보다는 단순한 가정적, 여성적이라는 이데올로기의 영향을 받아왔다. 이러한 관점은 유아교육적 리더십에 대한 논의를 전문적인 교육의 영역이 아닌 단순한 노동의 영역으로 폄하시킨다. 그렇다고 해서 '돌봄'이 유아교육의 영역이 아니거나 리더의 자질로서 버려야 하는 것은 아니다. '돌봄'은 유아라는 교육대상의 특수성으로 인해 중요하게 다루어져야 하는 부분이며 교육적 '돌봄'의 측면에서 유아교육 리더에게 요구되는 의미 있는 자질이라고 볼 수 있다.

워너콧(Wonacott, 2001)은 교육적 환경에서 바람직한 리더십 유형으로 인정받는 변혁적 리더십이 의사소통, 협력, 합의, 포용과 같은 여성적인 특성과 관련된다고 주장하였다. 현대적 리더십의 특성은 지시적이고 강력한 카리스마에 의존하는 리더십 형태가 아닌 수평적이고, 소통적인 성격을 갖는다. 또한, 과업 중심적이라기보다는 인간 중심적인 특성을 갖고 있으며 리더와 팔로어 모두가 자율적인 변혁, 성장을 중시한다. 따라서 유아교육 리더에게 요구되는 여성적인 특성과 자질은 현대적 리더십의 관점에서 의미 있는 것이다.

다음은 유아교사에게 요구되는 리더로서의 개인적 자질 목록이다(Moyles, Musgrove & Adams, 2002).

❖ 표 1-1 유아교사의 개인적 자질 체크리스트

	개인적 자질	평가
1	자기 동기화와 타인에게 동기부여를 하는 능력	
2	심사숙고하고, 질문하고, 분석적이며, 학습에 전념하고, 동료와 타인의 비판적 참여를 환영하고 주도하는 능력	
3	교사의 역할에 대한 자신감과 확신	
4	유아와 유아발달 등의 지식에 대한 흥미	
5	자신과 유아에 대한 높은 기대	
6	자신의 성취에 대한 긍정적이고 현실적인 인식	
7	친근하고 개방적이며 관계지향적인 태도	
8	유머, 재미, 즐거움, 열정을 가진 마음	
9	상냥하고 민감한 돌봄의 태도	
10	유아에게 수용적, 반응적, 공감적인 잘 맞춰주는 태도	
11	유아와 성인에게 융통성 있고 개방적인 태도	
12	비전과 혁신, 상상력	
13	전문적 역할에 대한 창의적 사고	
14	주도적인 태도	
15	환경을 조직하고, 유지할 수 있는 능력	
16	타인에 대한 공평성과 일관성	
17	명확한 기준이 있는 인내심과 관용	
18	언어적, 비언어적 의사소통 능력	
19	독리적이면서 협력적인 교직원의 태도	
20	정서적 안정감	

출처: Moyles(2002). SPEEL-Study of Pedagogical Effectivnes, in Early Learning, Department for Education and Skills Report NO. 363, London. p. 58.

유아교육 리더에게 요구되는 개인적 자질은 지식, 기술, 태도의 전반적인 부분에서 많은 것이 다루어지는 것처럼 보이지만 중요한 것은 자신과 자신의 직업에 대한 긍정적인 인식과 자신감을 기본으로 하고 있으며 타인에 대한 긍정적인 태도, 융통성, 일관성, 민감성, 공평성과 같은 의사소통능력이 강조되고 있음을 알 수 있다. 또한, 발달에 대한 지식, 상상력과 창의성과 같은 지적 능력이 요구된다.

(2) 유아교육 리더십의 유형과 적용

앞서 이해한 리더십 이론을 바탕으로 유아교육 현장에서 적용될 수 있는 리더십의 유형의 시사점을 살펴볼 수 있다.

① 변혁적 리더십

변혁적 리더십은 유아와 교사가 리더십 과정에 참여하도록 환경을 준비하여 리더와 팔로어 모두를 변화시키고 동기부여하고, 향상시키는 것이다. 교사는 리더로서, 유아와 학부모는 팔로어로서 역할을 하게 되는데 교사는 자신의 능력이 타인에게 어떠한 영향력과 영감을 줄 수 있는지에 대해 파악하고 복잡함과 모호함, 불확실한 상황 속에서 어떻게 효과적으로 대처할 수 있는지를 고민해야 한다. 변혁적 리더십을 발휘하는 교사의 행동과 믿음은 유아들의 변화를 이끌어내고 학부모들의 공감과 이해를 불러올 수 있다.

② 서번트 리더십

리더십은 섬기는 것일 수도 있다. 유아교육에서 섬김의 리더십은 교사가 자신을 동료, 유아, 유아들의 가족을 위해 일하는 사람으로 생각하는 것이다. 교사 자신의 목표와 요구에 집중하지 않고 유아들과 학부모의 요구에 집중하며 그들의 성취를 이끌어내는 것이 서번트 리더십이다. 교사들은 교실에서 자신의 욕구보다는 유아들의 욕구를 우선하며 교사로서의 자신의 만족과 성취보다는 유아 개인의 발달적 성취와 만족을 중요하게 여긴다. 학부모와의 관계에서 방과 후 과정을 운영하거나 학부모의 타당한 요청에 기꺼이 응해주는 것은 교사의 서번트 리더십이라고 볼 수 있다.

③ 지시적인 리더십

지시적인 리더십은 개인이나 집단이 새로운 과제를 수행할 때 발휘된다. 특히 성인과의 관계에서 지시적인 리더십이 더 자주 나타날 수 있다. 동료교사들과 목표가 분명한 일을 해야 할 때 과제 완수를 위해서 리더가 목표를 제시하고, 이에 대한 일을 분담하고 그 과정을 피드백하면 훨씬 더 효과적이다. 유아들과 새로운 것을 학습해야 할 때도 교사의 지도, 안내, 피드백이 필요하다. 이러한 형태의 리더십을 지시적인 리더십이라고 할 수 있다.

지시적인 리더십은 권위적이거나 통제적인 것과는 분명한 차이가 있다. 리더는 팔로어에게 순종을 강요하지 않아야 한다. 리더가 팔로어와 상호작용 없이 일방적으로 지시하는 것이 아니라 상호작용을 통한 피드백이 활발하게 이루어지도록 허용되어야 한다.

④ 촉진적인 리더십

촉진적인 리더십은 팔로어들이 흥미를 가지고 활동을 유지할 수 있도록 책임, 권위, 자원 등을 제공하는 형태의 리더십이다. 촉진적인 리더는 각 개인의 역량에 초점을 맞추어 어떤 형태의 지원을 할 것인가를 결정하고 적절하게 지원하여 개인의 능력을 향상시킨다. 교사가 유아의 놀이를 관찰하고 이에 대한 적절한 지원을 한다는 측면에서 교사를 교수-학습의 장면에서 촉진적인 리더의 역할을 수행한다고 볼 수 있다.

이는 교사들과의 관계에서도 발휘될 수 있다. 교사는 교육전문가로서 각자의 학급에서 자신의 유아들의 리더이다. 따라서 리더인 교사는 팔로어인 다른 교사들의 역량을 파악하고 각자의 수준에서 리더가 될 수 있도록 지원한다. 이를 통해 교사들의 개인적인 역량이 강화되고 자신의 내부에서 일어나는 변화를 경험할 수 있게 된다.

이 외에도 유아교사는 다양한 리더십의 유형을 경험한다. 각 개인의 리더십은 하나의 유형으로 고정되어 나타나는 것이 아니라 상황에 따라 적절하게 발휘되는 것이 효과적이다. 유아교사의 리더십은 유아, 학부모, 동료교사와 같은 다양한 팔로어들을 대상으로 하고 있으며 교수-학습의 상황, 생활지도의 상황, 동료와의 협력이 필요한 상황, 당면한 목표가 있는 상황 등 다양한 상황과 과업이 있기 때문에 고정적인 리더십 유형이 아닌 상황과 과업에 적절한 리더십 유형에 대한 이해가 더욱 요구된다.

생각주머니 열기

유아교사의 개인적 자질목록을 보고 자신을 평가해보세요. 자신의 강점과 약점이 무엇인지 정리해보세요.

CHAPTER 04

리더십의 형성요인과 자기계발

개요

리더십은 타고 나는 것이 아니라 만들어진다. 리더십이 형성에 영향을 미치는 요인은 선천적인 요인과 후천적인 요인으로 나누어 이해할 수 있다. 본 장에서는 리더십이 형성되는 선천적 요인인 기질, 성별과 주요한 환경적 요인인 가정환경에 대해 알아보고, 리더십의 발달과정과 다양한 자기계발 전략을 살펴볼 것이다. 이를 통해 교사 자신이 실천할 수 있는 개인적 전략을 고안할 수 있을 것이다.

목표

- 리더십 발달의 개인적 요인과 환경적 요인에 대해 이해할 수 있다.
- 리더십의 발달과정을 이해할 수 있다.
- 리더십 자기계발 전략을 고안할 수 있다.

주요 용어

기질
동기
경험
자기반성

1. 리더십의 형성요인

리더십은 개인이 갖고 있는 선천적인 요인과 경험을 통해 얻게 된 후천적인 요인의 상호작용을 통해 발달해간다.

(1) 리더십 발달과 선천적 요인

리더십의 선천적 요인을 파악하기 위해서 리더십 수준이 높은 유아들에게 나타나는 공통적인 요인이 무엇인지 살펴볼 수 있다. 유아 리더십의 수준을 통해 직접적인 영향을 미치는 선천적 요인들이 무엇인지 알 수 있으며 성인이 되었을 때 리더십 발휘의 가능성을 예측할 수 있을 것이다.

① 기질

높은 리더십을 가진 유아들의 기질적 특성을 살펴보면 활동성이 높고 충동적인 자극추구를 적게 하지만 위험을 회피하지 않는 특성을 보인다(홍석영, 송경섭, 2015). 또한 사회적 민감성이 높고 인내력이 높았다(허소용, 김수용, 2013).

활동성이 높은 유아는 활발한 성향을 보이기 때문에 다른 유아들이 함께 놀이하는 것을 좋아하며 놀이의 중심이 되는 경향이 있다. 자극추구행동을 하는 유아는 상황에 따라 정서를 조절하는 능력이 떨어지고 또래 간의 갈등을 유발하는 문제행동을 많이 일으키기 때문에 리더가 되기보다는 고립될 확률이 높다. 위험을 회피하는 유아는 자신감이 부족하여 사회적 관계를 두려워하므로 매사에 수동적이고 자신의 권리를 지키지 못해 무시되기 쉽다(Walker et al., 2001). 그렇기 때문에 리더십이 높은 유아들은 자극추구 행동은 적게 하면서 적당한 수준의 위험을 감수하는 모험적인 유아들이다.

또한, 사회적 민감성이 높은 유아는 다른 유아의 느낌과 욕구에 민감하게 반응하여 또래와의 상호작용이 매우 원활하고, 갈등 유발이나 회피가 아닌 갈등 중재의 역할을 하게 되어 또래 수용도가 높고, 높은 수준의 리더십을 보인다.

② 성별

유아의 리더십은 성별에 따른 차이가 없는 것으로 나타났다(Slukin & Smith, 1997). 리더십의 발휘에서 남아와 여아 간의 차이는 없지만 리더십 발휘는 전략이나 행동에서 차이가 나타났다. 여아의 경우 친사회적인 행동을 바탕으로 리더십을 발휘하며, 남아는 여아보다 공격적이고 물리적인 전략을 사용하였으며 사회적 지배행동을 드러내는 리더십을 보였다(Bohlin, 2001).

유아 리더십 연구를 통해 선천적인 요인들이 리더십에 어떠한 영향을 미치는지를 살펴볼 수 있다. 다만 이후 성인이 되는 과정에서 기질이나 성별이 환경적 요인들과 상호작용을 하며 리더십에 변화를 가져올 수는 있다. 예를 들어 남성중심적인 문화를 가진 환경에서는 남성들이 리더가 되는 기회를 더 많이 갖게 되어 리더십 발달에 유리할 수 있다. 따라서 남성이 여성보다 더 좋은 리더십을 가지고 있다는 경험적인 인식은 이러한 기회와 경험 요인과 관련된 것이지 성별에서 오는 선천적 요인이라고 볼 수는 없다.

(2) 리더십 발달과 가정환경

리더십 발달의 후천적인 요인에서 가장 큰 영향을 미치는 것은 가정환경이다. 대부분의 사람들은 가정 내에서 학습한 지식, 기술, 태도를 가지고 사회에 적응하며 이는 타인과의 관계 맺기와 개인의 리더십 발달에 큰 영향을 미친다. 유아의 리더십에 관한 많은 연구들은 부모의 양육태도나 어머니의 리더십 유형 등을 리더십의 중요한 변인으로 보고 있다(홍석영, 송경섭. 2015). 개인의 출생순위와 가족의 크기, 부모의 양육태도, 가족의 기대와 같은 요소 역시 리더십에 영향을 미친다(Sullivan, 2003).

① 출생순위와 가족의 크기

출생순위가 첫째인 경우, 리더십에 대한 경험과 역량 수준이 높은 편이다. 첫째는 어린 시절부터 성인과의 의사소통의 질과 양이 높은 편이며, 더 많은 책임을 부여받고 성숙에 대한 기대를 받는 경향이 있다. 다른 형제가 있는 경우 그들에게 좋은 모델이 되어야 한다는 압력을 받고, 형제들과 함께 지내면서 자연스럽게 리더의 역할을 수행하게 된다. 가정 내의 이러한 경험은 사회적 관계에서도 드러나며 친구들과의 관계에서 계획과 실행에서 주도적인 역할을 맡는 것을 주저하지 않고, 문제 상황에서 책임을 지는 것을 쉽게 수용한다. 형제 사이에서 권력을 가지고 있는 경험이 많았기 때문에 리더가 되는 것을 쉽게 받아들이지만 본인이 리더가 되지 않았을 때는 집단이나 리더에 대해 불만을 갖기 쉽다.

출생순위가 막내인 경우 가족 내의 의사결정에서 무시되는 경험이 많으며 자신의 성공이나 성취에 대해 첫째 아이만큼 가족의 관심을 끌지 못한 경험이 있을 수 있다. 이러한 가족 내 경험으로 인해 막내들이 리더가 되었을 때 기존 체제에 도전적이고 사태를 변화시키기 위해 노력한다. 의사결정에 참여하는 것을 중요하게 여기기 때문에 리더로서 자신의 의사결정 수준에 민감한 경향이 있고, 기존의 일이나 체제보다는 새로운 일을 하고자 하는 경향이 있다.

출생순위가 중간인 경우는 첫째 아이 같지도 않고 막내 같지도 않다. 이들은 다른 어린이들보다 더 모험적인 경향이 있고 더 독립적인 행동을 한다. 이들이 리더가 된 경우, 자신의 역할을 변화시키기 위한 기술을 이용하고 다른 역할을 시도하는 융통성 있는 리더십을 보여주는 경향이 있다.

가족의 크기는 리더십 발달에 영향을 미친다. 세 명 또는 네 명의 형제가 있는 경우 함께 놀이를 하거나 가정 내 일을 할 때 각자의 역할이 분담되고 협력적인 경험이 많기 때문에 집단적인 업무에서 좋은 리더십을 보여준다. 형제가 세 명보다 적거나 다섯 명 이상인 경우는 협력적이라기보다는 개인적 목표를 위해 개별적으로 일을 잘하는 경향이 있다(Sullivan, 2003).

생각 노트

- 나의 출생순위는 어떠한가요? 출생순위가 자신의 리더십에 어떤 영향을 미쳤다고 생각하나요?

② 부모의 양육태도

부모의 양육태도 중 애정적이고 자율적 양육태도는 리더십과 밀접한 관련이 있다. 부모의 양육태도가 애정적일수록 자녀의 사회적 능력 및 사회적응 행동이 높아진다. 부모의 애정적인 태도는 가정 내의 안정을 가져오며 가족에 대한 신뢰감을 바탕으로 타인에 대한 신뢰감을 형성할 수 있도록 도와준다. 이는 타인과의 관계 맺기에서 적극적이고, 개방적인 태도를 가져올 수 있게 해주며 타인에 대한 공감능력을 높여 주어 리더십에 긍정적인 영향을 미친다.

부모의 자율적인 양육태도는 자녀가 스스로 판단을 하고 자신의 일에 책임질 수 있도록 도와준다. 부모가 자녀가 하는 일을 지나치게 개입하지 않고, 자신의 일을 스스로 할 수 있도록 독립성을 격려해주고 자녀의 이야기를 잘 경청해주면서 자녀를 이해해주는 편안하고 안정적인 정서적 분위기를 조성해주면 리더십 증진에 도움이 된다(허소용, 김수용, 2013).

양육태도가 방임적인 경우 자녀는 자신의 행동의 한계를 설정하지 못하고 자신을 조절하는 데 어려움을 겪게 된다. 지나치게 과잉적인 애정이나 보호는 유아로 하여금 정서적인 미성숙을 겪게 하고 이로 인해 퇴행적인 행동, 나아가서 반사회적 행동을 초래할 수 있다. 낮은 수준의 자기조절력은 리더십을 발휘하는 데 큰 방해요소가 되며 집단 내 원활한 의사소통을 할 수 없게 만든다.

통제적인 양육태도는 자녀가 자신의 일을 스스로 선택하고 판단하고 책임을 지는 경험을 할 수 없게 한다. 부모의 강한 통제하에 있던 자녀들은 다양한 사회적 상황에서 적절한 행동을 판단하는 데 어려움을 겪는다. 이들이 리더가 되면 상황에 대해 자신의 의견을 내지 못하고, 의존적인 문제해결방식을 사용하며 책임을 전가하는 경향이 있다.

③ 가족의 기대수준

누구나 어린 시절, 음악이나 미술과 관련된 것이거나 학업과 관련된 것, 혹은 책읽기나 운동과 같은 자신이 잘하고 관심이 있는 특정한 분야가 있다. 뛰어난 재능까지는 아니더라도 스스로 자신감을 갖는 수준이라도 이때 느낀 자신감은 성장 과정 전체에 영향을 미치게 된다.

유아기의 자신감은 스스로 만들어가는 것이 아니라 타인에 의해 영향을 받으며 형성되기 때문에 가족의 반응 혹은 기대가 어떠한가는 중요하다. 예를 들어 자전거를 잘 타는 것에 자신감을 갖고 있는 유아에게 어떤 부모는 자전거를 탈 공간과 시간을 충분히 제공하며 잘한다고 격려할 수 있지만 어떤 부모는 자전거보다는 학업에 집중하기를 기대하며 자전거를 타지 말라고 할 수도 있다. 이러한 가족의 기대 수준은 자신감 형성, 이후 자존감에 큰 영향을 미친다.

물론 부모의 기대 수준이 가장 직접적인 영향을 미치지만 형제, 조부모 등 다른 가족들의 기대 수준이 높은 경우도 리더십 발달에 긍정적인 영향을 미칠 수 있다. 다만 가족의 과도한 수준의 기대는 자녀로 하여금 실패에 대한 두려움을 갖게 하고, 스스로가 잘하는 것에 대해 즐거움을 느끼지 못하고 두려움을 느껴 회피하게 만든다.

생각 노트

- 어린 시절 여러분이 잘하는 분야는 어떤 것이었나요? 그것에 대해 가족의 반응은 어떠했나요?

④ 가정의 경제적 수준

많은 연구에서 가정의 경제적 수준과 자녀의 리더십 관계에서 유의한 상관관계가 없는 것으로 나타났다(허소용, 김수영, 2013). 가정 내 자녀 리더십은 경제적 수준이 아니라 리더십 증진을 위한 적절한 환경, 다양한 기회와 긍정적 상호작용이 더 중요하다는 것을 의미한다.

2. 리더십 기술과 능력의 획득

리더십의 기술과 능력을 획득하는 것은 매우 중요하다. 타고난 리더십의 요인들이 있는 경우 이는 후천적 요인들에 의해 강화될 수도 있고 사라질 수도 있다. 리더십은 만들어지는 후천적 요인이 강하기 때문에 리더십을 발달시키기 위한 개인적인 노력이 매우 중요하다.

(1) 리더십의 발달과정

리더십의 발달에서 가장 핵심적인 요소는 '경험'이다. 경험이 많을수록 리더십은 발달해간다. 경험의 의미는 단순히 리더로서의 경험이 아니라 통합적인 인생의 모든 경험을 의미한다(Sullivan, 2003). 한 개인이 살아오면서 경험한 가정, 학교, 지역사회 기관 등의 공간적 경험이 리더십 발달에 영향을 주며 유아기, 아동기, 청소년기와 같은 발달적 경험뿐만 아니라 그 과정에서 만났던 사람들과의 경험 모두가 리더십의 발달에 영향을 미친다.

이러한 과정에서 좋은 경험만 있는 것이 아니라 좋지 않은 경험, 심지어는 개인에게 고통스러운 경험도 있을 수 있다. 중요한 것은 모든 경험은 개인의 리더십 발달에 영향을 미친다는 것이다. 리더십 발달은 다음의 〈그림 4-1〉로 설명될 수 있다.

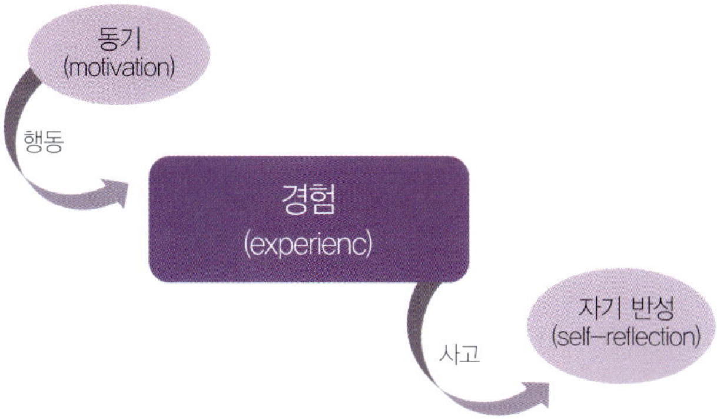

:: 그림 4-1 리더십 발달과정

① 행동을 유발하는 '동기'

개인이 특정한 경험을 하는 이유는 그것과 관련된 동기가 있기 때문이다. 동기는 행동을 유발한다. 어떤 사람이 반장선거에 나가서 반장이 되는 경험을 했다면 이는 '반장이 되고 싶다'라는 동기가 있었기 때문이다. 반장선거에 나가서 한 표도 받지 못한 불쾌한 경험 역시 '반장이 되고 싶다'라는 동기에서 시작한 경험이다.

동기는 자신의 내부에서 시작된 내적 동기와 외부에서 시작된 외적 동기로 구분된다. 내적 동기는 '나는 반장이 되고 싶어'와 같이 무엇인가에 대한 강력한 욕구와 열망이며 강한 지속성과 힘을 갖기 때문에 보다 더 많은 경험을 하도록 해준다. 외적 동기는 자신의 욕구라기보다는 타인의 욕구나 외부의 보상으로 인해 만들어진 동기이다. 예를 들어 엄마가 반장을 하라고 해서 혹은 반장을 하면 좋은 점이 있기 때문에 반장 선거에 나가게 되었다면 이것은 외적 동기에서 유발된 행동이라고 볼 수 있다. 행동은 이러한 내적 동기와 외적 동기 모두에 의해 일어나며 이러한 개인의 행동을 '경험'이라고 할 수 있다.

리더십을 발달시키는 다양한 경험을 하기 위해서는 동기가 필요하다. 스스로 '나는 무엇을 하고 싶은가?', '나는 무엇이 되고 싶은가?', '나는 무엇을 먹고 싶은가?'와 같은 자신의 내적 동기에 대한 고민을 통해 자신의 욕구를 발견할 수 있다. 아무 것도 하고 싶은 것이 없고, 아무 것도 되고 싶은 것이 없다는 것은 행동을 불러일으키지 못하며 결국 아무 '경험'도 못하게 되는 것이다.

② 의미 있는 경험을 만드는 '자기반성'

그렇다면 모든 경험은 리더십을 발달시키는 데 의미가 있을까? 그렇지 않다. 경험만으로 리더십이 발달한다면 집단에서 가장 나이가 많은 사람이 리더가 되는 것이 타당하다. 경험을 의미 있게 하는 것은 '자기반성'이다. 자기반성은 어떠한 경험을 한 이후 자신의 경험에 대한 사고과정을 의미하며, 단순한 회상이 아니라 자신의 행동과 내면을 깊이 되돌아보며 자신을 점검하고 평가하는 행위이다.

같은 경험을 하더라도 어떤 사람에게는 별로 기억에 남지 않는, 의미 없는 경험일 수 있지만 누군가에게는 자신을 돌아보며 새로운 발견과 깨달음을 얻는 의미 있는 경험이 될 수 있다. 예를 들어 동료 교사와 심각한 갈등을 겪었을 때 누군가는 다시는 생각하고 싶지 않은 잊고 싶은 경험이 될 수도 있고, 누군가는 '왜 그런 일이 생겼을까?', '나의 문제해결 방법은 괜찮은 것이었을까?', '해결하기 위한 더 좋은 방법은 없었을까?'와 같은 자기반성을 통해 자신에 대한 이해와 문제해결에 대한 다각적 인식을 하게 하는 좋은 경험이 될 수도 있다.

(2) 리더십 자기계발 전략

자신의 리더십을 계발하기 위해서 스스로 자신에게 맞는 계발전략을 수립할 수 있다. 내적 동기가 부족하다고 느낀다면 자신이 하고 싶은 것에 대한 목록을 만들어 기록하며 자신의 욕구를 파악하는 것부터 시작할 수 있다. 실행능력이 부족하다고 느낀다면 작은 목표를 설정해서 성취감을 느낄 수 있도록 하는 전략을 사용할 수 있다. 자기반성에 대한 부분이 부족하다면 반성적 사고를 촉진하는 전략인 저널쓰기, 다른 사람과 토론하기, 강연듣기, 이야기나 시와 같은 문학적 경험하기 등을 적극적으로 사용할 수 있다. 다음은 리더십을 증진하기 위한 전략이다.

① 버킷리스트 만들기

하고 싶은 것을 목록화해보자. 자신의 내면의 목소리에 귀를 기울이며 잊고 있었던 욕구를 찾을 수 있을 것이다. 대단히 거창한 것이 아니라 아주 작은 것도 작성해본다. 버킷리스트를 만드는 것만으로도 의미 있는 경험에 대한 충분한 동기부여가 된다.

생각 노트

- 나의 버킷 리스트

② 다이어리 쓰기

오늘 하루를 아주 간단하게라도 정리하는 일은 자기반성적 사고를 자극하는 좋은 활동이다. 일기까지는 아니더라도 오늘 하루의 일을 기록해보자. 하루의 할 일을 목록화하고 성취를 표시하는 것도 다이어리를 쓰는 방법이 될 수 있다.

③ 감사노트

매일 감사한 일을 기록하는 노트를 만들어 기록하면 긍정적인 생활태도를 가질 수 있다. 긍정의 뇌 회로를 만들기 위해서는 '긍정적으로 생각하자'라는 마음만으로는 되기 어렵다. 하루에 3개 혹은 5개를 정해서 감사한 것을 찾아서 기록하다 보면 자연스럽게 긍정적으로 생각하는 자신을 발견할 수 있다.

생각 노트

- 오늘의 감사일기 3가지

④ 강연듣기

관심 있는 분야의 강연을 들으면 새로운 관점에 대한 인식을 하게 되고 생각의 지평이 넓어진다. 리더십과 관련된 수업을 듣는 것도 강연을 듣는 것과 마찬가지이다. TED 사이트에서 관심 있는 강연을 들을 수 있다. 번역되어 있는 강연도 많이 있어서 쉽게 들을 수 있을 것이다.

⑤ 그림, 시, 이야기 같은 예술활동

그림, 시, 이야기와 같은 예술 활동을 통해 나를 표현하는 것은 자신을 이해하는 데 큰 도움이 된다. 이러한 예술활동은 자아의 욕구, 내면을 표현하는 것이므로 꾸준한 예술활동으로 '나'를 이해할 수 있다. 예술적 표현활동을 통해 '나'를 이해하고, 사랑하고, 동기화할 수 있다.

⑥ 친구들과의 공동체 활동

내 주변에 있는 사람들에 대해 생각해 보며 나를 존중해주고, 나의 목소리에 귀기울여 주는 사람이 누구인지, 나를 존중하지 않고 함부로 대하는 사람이 누구인지 살펴볼 필요가 있다. 개인의 동기와 행동, 사고는 타인의 영향을 받기 때문에 상호존중의 태도가 필요하다. 내 주변 사람들을 관찰하고 인간관계를 정리하는 것도 '나'에게 중요한 일이다. 또한, 새로운 사람들을 만나 의미 있는 생각과 이야기를 나누는 것은 리더십 발달의 좋은 전략이 된다.

⑦ 책읽기

책읽기는 사고를 활발하게 해주는 좋은 활동이다. 책을 읽고 읽은 책 목록과 의미 있는 한 줄을 기록하는 것은 경험에 대해 자기반성을 하는 사고과정을 자연스럽게 하는 데 도움을 준다. 독서모임은 이러한 자기반성과 공동체 활동으로 연결되어 리더십 발달을 위한 좋은 전략이 될 수 있다.

⑧ 꾸준한 운동과 기록

개인의 실행력을 높이기 위해서 몸을 활발하게 움직이는 것은 매우 도움이 된다. 무엇인가를 하고자 하는 욕구가 잘 생기지 않는다면 일어나자마자 스트레칭을 5분씩 해보자. 정기적으로 자신의 몸을 움직이는 것만으로도 활력이 생기고 행동의 동기가 생겨난다. 자신의 운동을 작은 수준이라도 기록하고 그 성취를 자신의 눈으로 보는 것이 필요하다. 캐시워크 같은 앱은 하루에 만보를 걸으면 포인트를 주고 그 포인트를 모아서 물건을 살 수 있다. 이렇게 운동과 성취가 연결되면 동기, 행동, 사고의 과정이 더욱 활발해진다.

생각주머니 열기

리더십 자기계발을 위해 어떤 전략을 사용하고 싶은가요? 4장에서 소개된 내용 외에 다른 것을 사용해도 좋습니다. 전략을 선정하고 계획을 세워보세요.

CHAPTER 05

공감형 리더, 유아교사

개요

유아교사는 '유아'와 '학부모'라는 팔로어의 특성상 상대방의 감정을 이해하고 수용하는 '공감'이 리더십의 기반이 되어야 할 필요가 있다. 본 장에서는 공감이 무엇인지와 공감을 높이기 위한 방법을 알아보며 '공감'이 유아교사의 리더십에 왜 기반이 되어야 하는지를 살펴본 것이다. 이를 통해 공감형 리더로서의 자신을 파악하고 보다 높은 수준의 공감능력을 발휘하기 위한 교사로서의 실천적 지식을 습득할 수 있을 것이다.

본 장은 이 책의 방향성을 제시하고 있는 장으로, 유아교사에게 중요한 리더십의 방향을 '공감'으로 설정하고 이후 공감 리더십 계발을 위한 실제적 접근으로 확장할 것이다.

목표

- 공감의 개념과 구성요소를 이해할 수 있다.
- 공감이 기반한 유아교사의 리더십을 이해할 수 있다.
- 개인의 공감능력에 대한 성찰을 통해 자신의 공감능력을 높이기 위한 방법을 고안할 수 있다.

주요 용어

동정심

공감

1. 공감의 이해

현대 사회에서 요구되는 리더는 문제해결에 뛰어나고 카리스마가 넘쳐 모든 구성원들을 이끌어 가는 리더가 아니라 구성원들의 목소리에 귀를 기울여 마음을 움직이는 의사소통을 하는 '공감적 리더'이다.

(1) 공감의 개념

공감의 한자어는 '共感'으로 '함께 느낀다'는 의미를 갖는다. 유사한 의미의 '동감(同感)'은 '같이 느낀다'는 의미를 갖고 있어 공감의 의미와 비교해 보면 공감은 상대와 '똑같이' 느끼려는 것보다는 '함께' 느끼려고 하는 개인적 의지를 담고 있다고 볼 수 있다. 공감(empathy)의 어원은 empatheia에서 유래되었으며 '외부에서 감정 속으로 파고 들어가다' 또는 '타인의 감정, 열정, 고통을 함께한다'는 의미를 갖는다(Howe, 2012). 즉, 공감은 타인 또는 상황과 같은 외부적인 요인에 의해서 개인적 의지로 일어나는 정서이다.

공감에 대한 다양한 학자들의 설명을 살펴보면 공감의 성격을 더 잘 이해할 수 있다.

- 상대방에 대해 이해한 바를 의사소통하는 능력(Truax & Carkhuff, 1967)
- 타인의 고통에 대해 관심을 기울이고 그에 적절하게 반응하는 것(Hoffman, 2000)
- 일시적인 느낌의 공유를 넘어서 타자임을 이해하는 심리적인 경로로서, 타인을 이해하고 자신을 사회 속에 위치시키는 사회화 과정을 교육하는 방법(정하나, 2015)

공감이란 타인과 똑같은 상황이나 감정은 아니지만 타인이 처해 있는 상황과 고통을 이해하고 어떠한 감정을 느낄지를 함께하는 능력이라고 볼 수 있다.

공감을 나타내는 용어는 학문영역에 따라 'sympathy'와 'empathy'가 혼용된다. 각 용어의 사전적 의미를 살펴보면 'sympathy'는 나쁜 상황에 처한 누군가를 가엾게 여기는 감정이나 타인과 비슷하기 때문에 누군가를 이해하는 감정이며 'empathy'는 타인의 감정과 문제를 이해하기 위한 능력으로 구분된다(Longman, 2014).

'sympathy'는 타인의 상태에서 촉발되기는 하지만 타인의 실제 느낌과는 상관없이 상대의 복지를 증진시키려는 주관적인 반응으로 동정이나 연민에 가까운 개념이며 'empathy'는 타인이 느끼는 정서에 근거를 두고 그것과 일치하려는 노력을 통해 상대방을 이해하는 과정으로 감정을 공유하고 이해하는 능력이다(Wispe, 1986). 'sympathy'는 동정심 혹은 연민으로 해석될 수 있으며 'empathy'는 공감으로 해석될 수 있다. 동정심과 공감 모두 타인의 상황에 대한 개인적이고 주관적인 감정이기는 하지만 이 둘은 분명한 차이가 있다. 공감은 이해력을 발휘해 다른 사람의 입장이 되어 느낌과 시각을 이해하며, 그렇게 이해한 내용을 활용해 자신의 행동지침으로 삼는 기술이다. 동정은 어떤 사람에 대해 연민이나 불쌍한 마음으로 상대방의 감정이나 시각을 이해하려는 노력은 담고 있지 않다(Krzmaric, 2014). 따라서 단순히 안타까운 상황에 처해 있는 사람을 보고 불쌍한 마음이 들어서 자신이 줄 수 있는 금전적인 도움을 주는 것은 동정심에 가깝다. 공감이란 그 사람은 어떤 기분일까를 의도적으로 상상하여 자신이 주는 도움이 상대에게 어떤 영향을 미칠까를 고민하여 행동하는 것을 의미한다.

(2) 공감의 구성요소

공감의 구성요소는 크게 인지적 요소, 정서적 요소, 의사소통적 요소로 이루어진다(박성희, 2004).

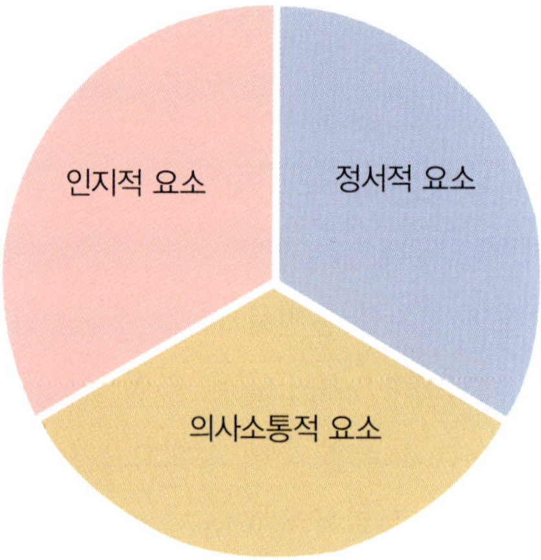

:: 그림 5-1 공감의 구성요소

① 인지적 요소

공감을 구성하는 인지적 요소는 공감적 정서나 행동을 이끌어내는 사고 작용으로 타인의 사고, 조망, 감정, 요구, 고통 등에 대한 통찰과 인식이며, 타인의 감정과 동기 등에 대한 인지적 이해라고 볼 수 있다(Howe, 2013). 또한 타인의 역할과 대안적인 조망을 취해볼 수 있는 능력을 강조하며 타인의 행동에 대한 예측을 통해 적절한 반응을 하여 대인관계의 상호작용을 촉진하는 것에 중점을 둔다(박성희, 2014). 인지적 요소는 조망수용, 감정의 재인, 역할 취하기의 하위요소를 갖는다(Broke & Rankin, 2008).

- 조망수용: 타인의 관점에서 사건이나 사물을 보고 이해하는 능력

- 감정의 재인: 타인의 감정 상태를 식별하고 가려낼 수 있는 능력, 상대방의 감정을 정확하게 재인하기 위해서는 언어적 내용, 상황적 단서, 비언어적 단서 등에 민감해야 함
- 역할 취하기: 타인의 역할과 대안적 관점을 취하는 것으로 주어진 어떤 대상이 물리적으로 다른 위치에 있는 사람에게 어떻게 보일 것인가를 상상하도록 하는 내용, 다른 사람의 생각이나 동기, 의지 등을 추론하는 능력, 다른 사람이 경험하고 있는 정서적 반응을 추론하는 능력으로 구성

② 정서적 요소

정서적 요소는 타인이 어떻게 느끼고 있을지를 느끼거나 타인의 입장이 되어 봄으로써 유발되는 정서 상태라고 볼 수 있다(Hoffman, 2000). 공감의 정서적 요소는 정서공명, 정서감염, 공유된 정서의 하위 요소를 갖는다(박성희, 2004; 정하나, 2015).

- 정서공명: 인간 체험이 의식적인 노력이 아닌 전의식적인 과정을 통해 소리의 공명처럼 자연스럽게 타인의 감정을 이해할 뿐만 아니라 타인의 감정을 자신의 감정처럼 대리 경험하는 것
- 정서감염: 권투 경기를 보면서 주먹을 꽉 쥐는 동작을 따라하는 동작모방이 나타나는 것처럼 인지를 요구하지 않는 거의 반사적인 행동으로 볼 수 있으며 비자발적으로 때로는 억제할 수 없을 정도로 타인의 감정 상태를 경험하는 것
- 공유된 정서: 정서감염의 의미를 포괄하는 대중적인 의미로 타인과는 동일하지 않지만 대리적으로 타인의 감정을 느끼고 반응하는 정서반응

③ 의사소통적 요소

공감의 의사소통적 요소는 타인의 내면적인 세계를 이해하는 것뿐만 아니라 이해한 바를 정확하고 민감하게 전달할 때 완성된다는 개념으로, 이해현상을 파악할 뿐만 아니라 관계양식까지 포괄하는 개념으로 해석하는 것이다. 인지적 공감과 정서적 공감은 긴밀하게 엉켜 있으며 이러한 이해를 바탕으로 자신의 행동이 나타나게 된다. 이와 같이 공감은 타인의 사고와 동기에 대한 인지적 요소, 타인의 정서를 함께 느끼는 정서적 요소, 공감적 자아를 적절히 표현하는 의사소통적 요소로 구성되어 있다.

2. 공감 리더십

현대 리더십은 수직적인 리더십이 아닌 수평적인 리더십을 강조하고 있다. 리더는 내면의 균형을 찾고 집단을 조화롭게 이끌 필요가 있다. 이에 공감에 기반한 리더십은 현대 사회에서 매우 중요한 리더십의 형태라고 볼 수 있다.

(1) 공감적 리더십의 특성

최근 리더십 패러다임은 관계의 리더십, 공감의 리더십에 대한 강조가 두드러진다. 선교학자 루스 터커는 리더의 특징을 헌신, 유능성, 자기 성찰, 진실성, 공감 등 다섯 가지로 보면서 이 중 공감을 특히 강조했다(김환, 2014). 정서 지능으로 잘 알려진 심리학자 대니얼 골먼도 현대 사회의 리더에게 필요한 것은 새로운 리더십 기술이 아니라 '공감 리더십'이라고 주장하였다. 그는 위대한 리더를 '자신과 다른 사람들의 감정의 주파수를 맞출 수 있는 사람'이라고 설명한다. 진정한 리더를 만드는 것은 '감성'이며 구성원들로부터 반응이 아닌 '공감'을 이끌어 낼 때 자신이 목적한 바를 달성할 수 있고, 함께하는 이들은 변화를 경험할 수 있다는 것이다(Goldman, 2003). 공감 리더십은 긍정적이고 관계중심적인 리더십 유형으로, 관계중심적인 리더십 유형은 공동의 목적을 성취하기 위해 관계 속에서 개인과 그들이 인식, 의도, 행동에 초점을 두는 리더십의 관점이다(Cummings et al., 2010).

리더십 연구에서 공감을 강조하는 이유는 공감을 통해 개인이나 조직의 잠재력을 끌어낼 수 있기 때문이다. 새로운 비즈니스 모델에서는 개인이나 조직을 잠재력을 갖고 있는 존재로 본다. 따라서 이런 내재된 잠재력을 섬세하게 조율할 수 있는 리더, 즉 공감적 리더가 개인이나 조직에 영향을 미칠 수 있다고 보는 것이다. 공감적 리더는 단순히 의욕이 넘치는 사람이 아니라 자신의 긍정적인 에너지를 주변에 퍼뜨리고 의욕을 고취시켜 공동의 목표를 이룰 수 있는 사람이다(김환, 2014).

공감적 리더는 개인을 집단 목표를 달성하는 데 필요한 요소로 보는 것이 아니라 각 개인의 감정, 느낌, 의견에 귀기울여 공감한다. 이와 같은 리더의 공감능력은 팔로어에게 큰 영향을 미치고 팔로어의 마음을 움직인다. 팔로어들은 리더의 의견을 단순히 전달받아 수행하거나 집단의 목표에 대해 사무적인 의견을 내는 데 그치는 것이 아니라 리더의 비전에 공감하고 진심으로 자신의 능력을 발휘하려고 한다. 리더의 공감이 팔로어의 공감을 이끌어 내어 공감의 시너지 효과가 발생하게 되는 것이다.

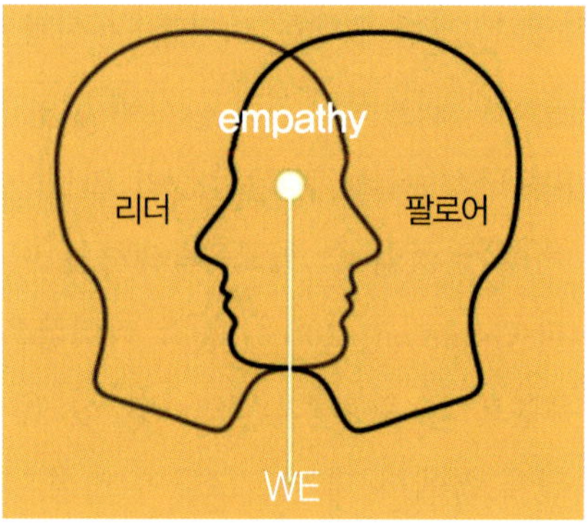

:: 그림 5-2 공감적 리더십의 리더와 팔로어

공감 리더십을 행하는 리더는 기본적으로 높은 수준의 감성지능을 기반으로 자신의 감정, 유연성, 직응성을 통제할 수 있는 사기관리가 가능하며 사회적 인식능력이 뛰어나 주변 사람들이 마음 챙김, 희망, 동정심 등의 감정에 공감하며, 조화를 이루면서 강력한 신뢰관계를 구축하는 사람이다(오종찬, 2017).

사람은 자신의 잠재력을 인정해주고 노력을 알아줄 때 마음이 움직인다. 물질이나 법규를 통한 통제는 이용당하는 느낌이나 존중받지 못하는 느낌을 주기 때문에 개인의 잠재력을 끌어내기 어렵다. 공감적 리더는 팔로어를 존중하고, 노력을 인정하고, 잠재력을 보려고 노력하기 때문에 팔로어들은 자신을 단순히 리더를 따르는 사람이 아니라 각자의 리더십을 발휘하기 위해 최선을 다하게 된다.

(2) 공감적 리더에 대한 사회적 요구

공감적 리더가 현대사회에서 필요한 이유는 크게 두 가지로 설명할 수 있다.

첫째, 현대 리더십 이론에서는 수직적인 형태의 리더십이 아닌 수평적인 형태의 리더십을 중요하게 여기고 리더와 팔로어의 관계를 주고받는 거래적인 관계가 아니라 리더와 팔로어 모두를 변화시키는 변혁적인 관계로 본다. 변혁적 리더십의 관점에서 '공감'은 변화를 일으키는 방법적 측면으로 해석될 수 있다.

둘째, 현대사회의 주요 집단 구성원이 80년대 이후 출생자인 밀레니얼 세대로 이동하고 있다. 이 세대를 팔로어로 둔 리더는 이들 세대의 특성을 이해할 필요가 있다. 밀레니얼 세대의 리더로서 '공감'은 중요한 역량이 된다.

① 현대 리더십의 패러다임 변화

현대 리더십 이론에서 가장 이상적인 리더십이라고 평가되는 변혁적 리더십은 리더가 팔로어의 태도를 변화시키고, 그들의 동기와 도덕 수준을 높이며 그들과의 통합적인 과정을 통해 집단에 대한 사명감을 형성하는 것이다(남정걸, 2015). 변혁적 리더십을 발휘하기 위해 '어떻게' 해야 하는가 하는 것에 대한 해답이 바로 '공감'이다. 어떻게 팔로어의 태도를 변화시킬 것인가, 어떻게 팔로어의 동기 수준을 높일 것인가, 어떻게 팔로어가 집단에 대한 사명감을 갖게 할 것인가에 대한 공통된 해답은 팔로어의 마음을 움직여야 한다는 것이다. 공감적 리더십은 마음을 움직이는 리더십이다.

변혁적 리더십의 구성요인인 4개의 'I'에서 이상적인 영향력(idealized influence)은 리더가 구성원들에게 존경과 신뢰를 얻어야 영향력을 행사할 수 있게 된다. 존경과 신뢰는 정서적인 차원으로 리더가 팔로어에 대해 '공감'하고 팔로어가 리더에 대해 '공감'했을 때 형성될 수 있는 정서라고 볼 수 있다. 개별적인 배려(individualized consideration)는 팔로어의 잠재력과 개인적 발전에 대한 모색을 중요하게 다룬다. 즉, 리더가 팔로어를 집단의 하나라고 보는 것이 아니라 각 개인의 능력과 생각, 욕구에 '공감'했을 때 나타나는 요인이다.

② 밀레니얼 세대의 특징과 리더십

밀레니얼 세대란 닐 하우, 윌리엄 스트라우스가 1991년 출간한 『세대들, 미국 미래의 역사』에서 처음 사용한 용어로, 1980년대 초반에서 2000년대 초반에 출생한 세대를 가리킨다. 밀레니얼 세대는 청소년 때부터 인터넷을 사용해 모바일, 소셜네트워크서비스(SNS) 등 정보기술(IT)에 능통하며 대학 진학률이 높다는 특징이 있다. 반면 2008년 글로벌 금융위기 이후 사회에 진출해 고용 감소, 일자리 질 저하 등을 겪었고 이로 인해 평균 소득이 낮으며 대학 학자금 부담도 안고 있다. 이러한 경제적 부담 때문에 결혼이나 내 집 마련을 미루는 경우가 많다. 또한 소득이 적고 금융위기를 겪은 세대이기 때문에 금융사 등에 투자하는 것을 꺼리는 편이며, 광고 등의 전통적인 마케팅보다는 개인적 정보를 더 신뢰하는 특징이 있다(pmg 지식엔진연구소, 2018).

이들의 특징은 집단이 중심이 아니라 개인의 행복을 중심에 두고 있으며 부당하다고 생각하는 것에 대해 적극적으로 의견을 개진하는 경향이 있고, 자기표현이 강하고 개성을 극대화하는 부분을 중요하게 여긴다. 이들 세대에게 리더가 집단의 목표, 직업에 대한 헌신을 강조한다면 받아들이기 어렵다. 따라서 밀레니얼 세대의 리더는 팔로어에게 집단적 목표가 아닌 개인적 목표를 강조하고 개인의 의견, 생각, 느낌을 공감해주어야 리더십이 발휘될 수 있다.

(3) 유아교육 현장에서 공감형 리더의 역할

유아교육은 돌봄이라는 여성적 리더십이 강조되는 분야이다. 현대에 들어서 정서적인 면이 강조되는 여성적 리더십에 대한 연구가 활발해지고 있다. 유아교사들은 한 기관의 팔로어가 되기도 하지만 동시에 자신과 마주하는 유아들과 그들의 가족의 리더이기도 하다. 유아와 유아의 가족이라는 팔로어의 특성상 유아교사들은 목표지향적이거나 집단중심적인 리더십이 아닌 과정중심, 개별적인 리더십을 발휘해야 한다. 이러한 리더십을 발휘하기 위해서는 인지적 측면이 아닌 정서적 측면에서 접근할 필요가 있기 때문에 각 유아의 경험과 문화, 역사에 대해 '공감' 하는 것은 매우 중요한 일이다.

유아가 처음으로 기관에 왔을 때 어떤 유아는 즐겁게 등원하지만 어떤 유아는 엄마와 떨어지는 것을 힘들어하며 울기도 한다. 교사는 대부분의 우는 유아가 엄마랑 빨리 떨어지면 더 빨리 울음을 그치고 적응할 수 있을 것을 알지만 교사가 우는 아이의 엄마에게 "어머니가 계속 못가면 민지가 계속 울어요. 어머니, 빨리 가세요."라고 말하고 민지를 안아 데려오면 유아와 유아의 어머니는 어떤 마음을 갖게 될지 생각해보자. 민지와 민지 엄마는 1년 동안 이 선생님을 리더로서 신뢰하고 1년을 행복하게 잘 지내보고 싶다는 동기가 생기기 어려울 것이다. 교사는 민지와 민지의 엄마가 어떤 마음일지 의식적으로 상상해볼 필요가 있다. "민지 어머니, 민지가 우니까 속상하시죠? 어머니 가시면 제가 민지 안고 이야기 나눌게요. 걱정하지 마세요." 앞의 말과 아주 큰 차이는 없지만 민지 어머니의 마음을 공감해주는 의사소통방식은 '이 선생님은 믿을 수 있겠다'라는 신뢰를 만들어 준다. 민지를 안고 와서 민지에게도 "민지야, 엄마랑 떨어져서 속상하지. 엄마는 작은 바늘이 2

자에 가면 다시 오실 거야. 그때까지 선생님이랑 재미있게 놀자. 선생님이 재미있는 놀잇감 소개해줄게"라고 말하는 것도 민지의 마음을 공감해주는 의사소통방식을 사용한 것이다. 이런 과정을 통해 유아들과 가족들은 교사를 믿고 따른다. 자연스럽게 리더십이 발휘되는 것이다.

교사들이 중간관리자나 최고관리자가 되었을 때도 공감적 리더십은 매우 중요하다. 교사는 다른 집단과는 달리 교사 한 명 한 명이 하나의 리더로서 리더십을 발휘해야 하는 특성을 갖는다. 따라서 교사들이 팔로어일 때 집단적 목표 중심이거나 수직적인 형태의 리더십을 발휘하려고 하면 팔로어의 큰 반발을 가져올 수 있다. 교사들의 리더는 교사들이 갖고 있는 상황, 느낌, 의견, 문제들에 개별적으로 공감하고 이를 적절하게 지원해주는 리더십을 발휘해야 한다. 이 과정에서 강조되는 것은 바로 '공감에 기반한 리더십'이다.

3. 공감능력 높이기

(1) 나의 공감능력은?

공감능력을 측정하기 위해 공감의 인지적 요인, 정서적 요인, 태도적 요인 세 가지를 평가할 수 있다(김윤희, 2016). 공감의 평가척도를 보며 자신의 공감 수준을 파악해보자. 1~5점까지 평가를 해서 자신이 어떤 영역에 강점과 약점이 있는지 평가한다.

❖ 표 2-1 공감 능력 평가 척도

<table>
<tr><th colspan="2">구분</th><th>번호</th><th>내용</th><th>점수</th></tr>
<tr><td rowspan="10">인지적 요인</td><td rowspan="5">역할수용</td><td>1</td><td>나는 이야기를 들을 때 상대방의 입장에 나를 놓고 생각해본다.</td><td></td></tr>
<tr><td>2</td><td>나는 상대방을 이해하기 위해 내가 그의 입장이라면 어땠을까? 하고 생각해본다.</td><td></td></tr>
<tr><td>3</td><td>나는 이야기를 들을 때 내 자신이 상대방인 것처럼 상상하면서 듣는다.</td><td></td></tr>
<tr><td>4</td><td>나는 상대방을 이해하려고 할 때 그 사람 입장이 되어 보려고 노력한다.</td><td></td></tr>
<tr><td>5</td><td>나는 말하는 사람의 입장에서 이야기를 듣는다.</td><td></td></tr>
<tr><td rowspan="5">감정파악</td><td>6</td><td>얼굴 표정을 보면 나는 상대방의 기분을 이해할 수 있다.</td><td></td></tr>
<tr><td>7</td><td>나는 대화할 때 상대방의 얼굴 표정을 보며 기분을 파악한다.</td><td></td></tr>
<tr><td>8</td><td>나는 상대방의 기분이나 감정을 빨리 파악한다.</td><td></td></tr>
<tr><td>9</td><td>나는 한숨과 같은 상대방의 몸짓으로 그 사람의 기분을 짐작할 수 있다.</td><td></td></tr>
<tr><td>10</td><td>나는 대화 중에 상대방의 감정이 드러나면 바로 알아차린다.</td><td></td></tr>
</table>

구분		번호	내용	점수
정서적 요인	감정공명	11	상대방이 우울해하면 나도 함께 우울해진다.	
		12	상대방이 눈물을 흘리면 나도 모르게 눈물이 날 때가 있다.	
		13	속상해하는 상대방의 표정을 보면 나도 속상해진다.	
		14	상대방이 힘든 이야기를 하면 내 마음도 함께 무거워진다.	
	대리감정	15	나는 상대방이 심각한 고민을 말할 때 그 심정이 어떨지 같이 느끼려고 노력한다.	
		16	나는 상대방이 슬픈 이야기를 할 때 그 감정을 같이 느끼려고 노력한다.	
		17	나는 상대방을 이해할 때 그 사라의 감정을 같이 나누려고 노력한다.	
		18	나는 답답한 심정을 말하는 상대방의 감정을 같이 나눈다.	
		19	나는 이야기를 들을 때 상대방의 감정에 맞추어 느끼려고 노력한다.	
		20	나는 상대방이 느끼는 감정을 그 사람의 입장에서 느끼려고 노력한다.	
태도적 요인	진정성	21	나는 상대방과 대화하는 순간을 소중하게 여긴다.	
		22	나는 상대방이 하고 싶은 말을 편하게 할 수 있도록 배려한다.	
		23	나는 상대방의 경험을 존중한다.	
		24	나는 상대방과 대화할 때 상대방을 진심으로 대한다.	
		25	나는 상대방과 대화할 때 그 사람에게 충실하려고 노력한다.	
		26	나는 상대방의 이야기를 들을 때 관심 있게 듣는다.	
	경청	27	나는 이야기를 들을 때 맞장구를 치며 호응해준다.	
		28	나는 상대방의 눈을 바라보며 이야기를 듣는다.	
		29	나는 이야기를 들을 때 고개를 끄덕이며 이야기에 반응한다.	
		30	나는 이야기를 들을 때 상대방 쪽으로 몸을 가까이 기울여 듣는다.	
		31	나는 상대방이 힘든 이야기를 할 때 진지한 표정과 자세로 듣는다.	
		32	나는 이야기를 들을 때 대화 분위기에 어울리는 목소리 톤으로 맞춘다.	

출처: 김윤희(2016). 공감 척도 개발 및 타당화. 경북대학교 대학원 박사학위논문.

(2) 공감능력을 높이는 여섯 가지 방법

인간은 누구나 '측은지심(惻隱之心)'이라는 공감적 자아를 갖고 있다. 공감적 자아는 누구나 가지고 있지만 어떠한 경험을 하고 생각을 하느냐에 따라 공감능력의 변화가 있게 된다. 크르즈나릭(Krznaric, 2014)이 제안한 공감능력을 높이기 위한 여섯 가지 방법을 통해 개인의 공감능력을 높이려는 노력을 할 수 있을 것으로 기대한다.

① 공감의 중요성 인식하기

공감능력을 높이기 위한 첫 번째 방법은 공감이 중요하다는 것을 스스로 인식하는 것이다. 공감은 현대적 리더십에서 매우 중요한 역량이며 특히 유아교육에서는 어떠한 형태의 리더십이 발휘되더라도 공감에 기반을 하고 있어야 한다. 개인이 타인과의 관계에서 공감의 중요성, 특히 유아교육의 영역에서 중요하다는 것을 인식하는 것만으로도 공감능력은 높아질 수 있다.

② 타인의 처지 이해 위한 의식적 상상력 발휘

사람들은 누구나 자신이 경험한 것에 대해 쉽게 공감한다. 유아교육과를 나온 교사들은 유아교육과 학생들이 모의수업을 준비하거나 조별과제를 하면서 어렵다고 할 때 그것에 대해 쉽게 공감한다. 유아교사의 경험이 많은 관리자들은 교사들의 어려움을 쉽게 공감한다. 그러나 사람이 모든 것을 경험할 수는 없다. 유아교육 현장에서 유아들을 만날 때 교사들은 자신의 어린 시절과 비슷한 성격의 유아들에게는 쉽게 공감하지만 그렇지 않은 경우는 이해하기 어려워하는 경향이 있다. 조용한 성격이었던 교사는 친구들 앞에서 노래하거나 말하지 않으려고 하는 유아의 마음을 쉽게 공감한다. 그러나 앞에 나서는 것을 좋아하고 친구들을 웃기는 것을 즐기는 활발한 유아를 만났을 때 공감하기 어렵다. 자녀를 낳아 양육해본 경험이 없는 교사는 학부모들의 문제나 마음을 공감하기 어렵다. 자신이 경험해보지 않은 상황이나 문제에 대해서는 의식적으로 상상력을 발휘해야 한다. '도대체 어떻게 저럴 수가 있어?'가 아니라 '어떤 마음으로 그랬을까?' 하고 상상력을 발휘하면 공감능력이 높아진다.

③ 자신의 삶이나 문화에 상반되는 것을 체험

경험은 공감능력을 높여준다. 사람들은 자신의 생각, 철학, 가치관에서 그게 벗어나지 않고 비슷한 경로를 밟아가며 이 과정에서 비슷한 사람들을 만나게 된다. 물론 자신과 유사한 삶과 문화의 사람들을 만나 교류하는 것도 의미 있지만, 공감능력을 높이기 위해서는 좀 더 다른 것을 경험할 필요가 있다. 특히 자신의 삶이나 문화와 상반된 경험을 하면 개인이 가지고 있는 편견을 깰 수 있고, 다양한 관점을 가질 수 있게 된다.

④ 타인에 대한 호기심, 잘 듣는 습관 기르기

타인에게 공감하기 위해서는 당연히 타인에 대해 관심을 가지고 있어야 한다. '저 사람은 어떤 사람일까?, 어떤 생각을 하고 있을까?'와 같은 타인에 대한 호기심은 공감의 기본태도이다. 타인에 대한 호기심을 바탕으로 그 대답을 잘 듣는 습관을 갖는다면 자연스럽게 공감적 태도를 갖게 될 것이다.

⑤ '안락의자 여행자' 되기

다양한 경험은 공감능력을 높이는 데 큰 도움이 되지만 모든 것을 경험할 수는 없다. 또, 의식적인 상상력을 발휘하기 위해서는 타인에 대한 기본적인 상황인식이 필요하다. 자신과는 다른 삶을 살고 있는 사람들은 어떤 생각을 하고 있는지, 자신과 다른 직업을 가진 사람들은 어떤 생활을 하고 있는지를 알기 위해서는 꼭 만나야만 하는 것이 아니다. 편안한 안락의자에 앉아 온라인을 통해 다른 나라 사람의 이야기를 들을 수도 있고, 자신과 같은 또래의 다른 직업을 가진 사람들의 삶을 간접적으로 체험할 수도 있다. 이러한 간접적인 경험들은 공감능력을 높여준다.

⑥ 사람과 자연에까지 공감의 폭 넓히기

더 큰 공감을 하기 위해 사람뿐만 아니라 자연에까지 공감의 폭을 넓힐 수 있다. 의식적으로 상상력을 발휘하여 '나무는 어떤 생각을 하고 있을까?', '고양이는 지금 어떤 기분일까?'와 같은 생각을 하다 보면 자연스럽게 공감의 폭이 확장되는 것을 느낄 수 있다.

생각주머니 열기

공감능력 척도를 사용해 자신이 공감능력을 평가해보고 어떤 점이 강점이고 어떤 점이 약점인지 간단히 정리해보세요.

PART II

리더십의 계발

CHAPTER 06

리더십의 기초: 자기이해

개요

리더십의 기초는 자기이해이다. 자기가 누구인지, 어떤 생각을 하고 있는지, 어떤 행동을 하고 있는지를 알아야 자신으로부터 나오는 사회적인 영향력을 행사할 수 있다. 단순히 의사소통능력이 높고, 사회성이 좋은 것만으로는 리더십이 발휘되기 어렵다. 리더로서의 '나'는 자신이 어떤 사람인지에 대한 깊은 이해를 통해 진정한 '나'의 모습으로 타인과 긍정적인 관계를 맺을 수 있다. 본 장에서는 자기이해에 대해 개념적으로 이해하고 자기를 이해하기 위한 다양한 활동을 해볼 것이다.

목표

- 자기이해의 개념과 필요성을 이해할 수 있다.
- 자기이해 지능에 대한 개념을 이해할 수 있다.
- 자기를 표현하는 다양한 활동을 통해 자기 자신을 이해할 수 있다.

주요 용어

자기이해
자아개념
자기이해지능

1. 자기이해의 개념

리더가 되기 위해 가장 선행되어야 하는 것은 자신에 대한 이해이다. 타인에게 영향력을 행사하기 위해서는 자신이 누구인지, 어떤 생각을 하는지, 어떤 행동을 하는지 알고 있어야 한다. 리더는 자신이 원하는 것이 무엇인지, 어떤 능력을 가진 사람인지, 자신이 무엇을 알고 무엇을 모르는지에 대해 이해하고 있어야 한다. 리더십 계발은 '나는 누구인가'에 대한 깊은 이해에서부터 시작된다.

(1) 자기이해란?

고대 그리스의 유명한 격언인 "너 자신을 알라"라는 말은 흔히 사용되는 말이다. 자기이해란, 말 그대로 자기 자신에 대한 지식이다. 자기이해는 인지적인 부분에 한정되어 있지 않고, 모든 감각과 기능, 사고를 통해 획득되는 것으로 개인의 심리적 차원과 물리적 차원 및 개인 전체에 대한 앎을 의미한다. 이와 같은 자기에 대한 앎은 다른 사람과 자신을 구별하는 것, 즉 자신의 개인적 특성뿐만 아니라 인간으로서 자신의 본질을 아는 것을 의미한다(이서영, 2014).

자기를 이해하기 위해서는 자기의 몸과 마음의 상태, 대인관계, 가치관 및 이와 관련된 자신의 행동을 현실적으로 알아야 한다. 또한, 자기 자신의 심리적인 문제에 대한 통찰뿐 아니라 상황, 인간관계, 현실적 문제와 같은 자신과 관련된 모든 문제를 이해하고 수용해야 한다(이영아, 2017). 소크라테스는 "너 자신을 알라"라는 말을 자주 언급했다고 한다. 이는 자기 자신이 무엇을 알고, 무엇을 모르는지, 즉 자신이 모르는 것을 알고 있어야 한다는 객관적 자기이해의 중요성을 보여주는 것이다.

생각 노트

- 가장 많이 하는 생각은 무엇인가요?

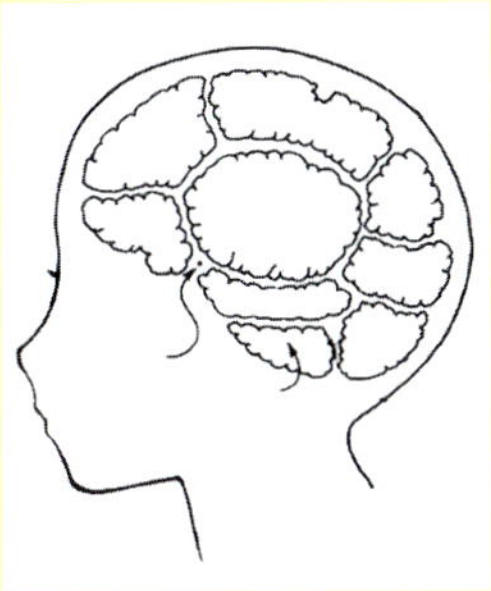

자기이해는 단순히 자신에 대한 정보 수집 수준이 아니라 자신에 대한 통합적 이해와 본질적 수용을 의미한다. 이것이 기초가 되어야 자기 자신이 어떤 사람인지를 정확히 알 수 있으며 할 수 있는 일과 할 수 없는 일에 대해 파악할 수 있다. 또한 자신이 원하는 것과 원하지 않는 것을 알 수 있다. 개인은 이러한 자기에 대한 앎을 바탕으로 자신의 삶을 주도적으로 설계해나갈 수 있게 된다.

자기가 자신을 이해하는 것은 주관성의 영역이다. 주관성은 개인의 내부에 있는 것, 삶을 살아가면서 얻어지는 것, 개인에게 주어지고, 개인이 선택함으로써 개인 안에 남겨지는 것과 개인이 두려워하고 꿈꾸고 열망하는 것들과 관련된 것을 의미한다(Pinar, 2009). 개인은 자기이해를 통해 자신을 구성하고 재구성하며 잘못 배운 것을 다시 배울 수 있으며 자신이 처한 역사적, 문화적, 사회적 상황에 대한 전반적인 이해를 넓힐 수 있다(Pinar, 1985). 결국 자기이해는 '나'라는 사람이 삶을 어떻게 살아가야 할지를 제시해주며 실천적 지혜를 획득할 수 있게 해준다.

(2) 자기이해의 중요성

리더십 계발에 있어서 자기이해는 가장 기본적인 단계이다. 자기이해를 통해 거짓 자아가 아닌 '진짜 자아'의 본질을 찾을 수 있으며, 자신이 정말로 원하는 것이 무엇인지를 파악하여 정말로 원하는 것, 진심으로 목표하는 것을 의미하는 내재적 동기를 파악할 수 있다. 이러한 자기이해를 바탕으로 타인을 진심으로 이해하고 의미 있는 영향력을 행사할 수 있게 된다.

① '진짜 자아'의 모습 찾기

사람들은 타인을 만날 때 사회적인 '나'를 드러낸다. 대부분의 사람들은 사회적인 관계에서 '내가 원하는 것', '내가 하고 싶은 것'만 고집한다면 이기적이고 유치한 사람으로 비쳐질 수 있기 때문에 주변의 여러 상황을 고려한다. 인간이 자기중심성에서 벗어나 사회화 과정을 통해 타인과 관계 맺기를 한다는 것은 사회적 삶에서 매우 중요하다. 그러나 자기이해가 없는 사회화는 진정한 의미의 관계 맺기를 방해한다.

누군가를 만날 때 가장 불편한 상대는 무슨 생각을 하고 있는지, 원하는 것이 무엇인지 파악되지 않는 사람이다. 가면을 쓴 '거짓 자아'의 모습으로만 타인을 대하는 것은 상대방에 대한 배려나 친사회적 행동이 아니다. 이러한 거짓 자아의 모습으로 계속 사회적인 관계를 맺게 되면 스스로 어떤 모습이 자신의 모습인지 혼란스러워질 수도 있다.

리더십 측면에서 자기이해가 없는 리더는 팔로어로 하여금 리더가 원하는 것이 무엇인지, 어떠한 방향으로 가야 하는지, 어디까지가 진실된 리더의 모습인지를 의심하게 만든다. 따라서 리더는 '진짜 자아'의 모습을 찾으려는 노력을 계속해야 한다. 내가 원하는 것은 무엇인지,

내가 좋아하는 것은 무엇인지, 싫어하는 것은 무엇인지, 나는 어떤 사람인지, 내가 잘하는 것과 못하는 것은 무엇인지를 알고 있어야 한다. 리더가 자신의 '진짜 자아'를 잘 알고 드러내면 팔로어들은 리더가 어떤 사람인지, 무엇을 해야 하는지 좀 더 정확하게 이해할 수 있다.

그림 6-1 타인을 의식하는 자아의 모습

진짜 자아를 찾기 위해서는 우선 다른 사람들 눈에 자신이 어떻게 보일지에 대해 너무 의식하지 않아야 한다. 다른 사람의 눈에 어떻게 보일까를 의식하다 보면 정말로 내가 원하는 것을 말하거나 선택하기를 주저하게 된다. '나는 이게 좋아'라는 자신의 선호를 밝힐 때도 이게 왜 좋은지, 내가 이것을 좋아하는 이유를 자기 자신이나 타인에게 지나치게 설명한다면 굳이 그렇게 할 필요가 없다. 자신이 이것을 좋아하거나 싫어하거나, 선택하거나 버리거나 하는 것은 지극히 개인적 일이다. '나는 이런 사람이야'라는 말로 충분히 드러나는 것이지 설명해야 하는 영역이 아니다.

"○○이는 화 안내는 사람이잖아"라는 타인의 평가에 지속적으로 노출된 사람은 화가 날 때, 화가 나는 자신에 대해 죄책감을 갖거나 화를 내지 않으려고 노력하게 된다. 이런 상황 역시 '진짜 자아'의 모습은 아니다. 화가 나는 상황에서는 화를 내도 괜찮고, 화를 내는 것이 당연하다. 타인의 평가에 자신의 모습을 맞출 필요가 없다. 자기이해는 '가짜 자아'가 아닌 '진짜 자아'의 모습을 드러내는 과정이다.

그림 6-2 화내도 괜찮아요.

② 내재적 동기 발견

인간이 무엇인가를 하고 싶고 그것을 지속적으로 추구하게 하며, 시작한 것을 끝까지 완성하도록 하는 것이 동기이다. '무엇인가를 하고 싶다'라는 마음인 동기는 리더십 발달에 있어서 매우 중요한 역할을 한다. '동기'는 무엇인가를 행동하게 하는 요인이며 이러한 행동은 '경험'으로서 리더십 발달의 핵심적 요소이다. 동기는 외부에서 오는 외재적 동기와 내부에서 오는 내재적 동기가 있는데 내재적 동기란 물질이나 금전 같은 외부의 보상 없이 자신의 흥미, 즐거움과 같은 내부에서 오는 동기를 의미한다. 이러한 내재적 동기가 있어야 몰입이 가능하고 행동의 지속성이 생기며 목표수행을 위한 행동의 과정에서 즐거움을 느낄 수 있게 된다. 퍼즐을 맞추는 행동이 외부 보상에 의한 것이라면 금방 지겨워질 수 있지만 퍼즐을 맞추는 행동이 스스로 좋아서 하는 내적 동기에 의한 것이라면 퍼즐을 맞추는 과제 자체가 보상이 된다.

그림 6-3 내적 동기와 외적동기

자기이해는 자신의 선택이나 자신의 행동이 실제 내가 '하고 싶은' 것인지 아니면 외재적 동기에 의해 선택된 것인지를 파악할 수 있도록 도와준다. 내가 선택해서 하고 있는 공부가 진심으로 나의 의도이고 소망인지 아니면 부모님의 권유, 주변의 기대에 따라 선택된 것인지를 스스로 분석해볼 필요가 있다. 이를 통해 자신이 진심으로 소망하는 것이 무엇인지 발견해 가게 되며 이와 같은 내재적 동기에 대한 발견은 목표를 수정하고 행동할 수 있도록 하는 데 도움이 된다.

리더십의 영역에서 리더가 자신에게 주어진 과제 혹은 목표에 대한 동기를 외적인 것인지 내적인 것인지를 파악하지 못하면 과제에 대한 장악력과 팔로어에 대한 영향력이 낮아지게 된다. 리더가 하고 싶은 바, 원하는 바가 분명해져야 팔로어에게 비전을 제시할 수 있고, 팔로어에게 내재적 동기가 전이되어 조직적 몰입감을 형성할 수 있게 된다.

③ 타인이해

자신에 대한 이해 없이 타인을 이해할 수는 없다. 자신에 대한 이해가 없는 타인에 대한 이해는 진정한 차원의 이해라고 보기 어렵다. 이러한 타인이해를 정신화(mentalization)로 설명할 수 있다.

정신화(mentalization)는 자신과 타인의 행동과 의도를 이해하는 과정으로 직관적, 전의식적이며 빠른 정서반응이라고 할 수 있다(Fonagy, 2001). 공감과 비슷하게 느껴질 수 있으나 공감은 타인의 정서, 사고에 대한 자신의 반응이 더해진 것으로 타인에게 초점이 맞추어져 있지만 정신화는 자신과 타인의 정서 모두에 초점을 두고 있다. 즉, 정신화는 다른 사람의 생각과 감정뿐 아니라 자신의 생각과 감정을 이해하는 과정도 포함한다.

정신화는 복잡한 생각 없이 머릿속에 떠오르는 대로 다른 사람의 마음을 생각하는 내면적 정신화와 의식적으로 다른 사람을 이해하려고 노력하는 외현적 정신화로 나눌 수 있다. 다음의 그림을 보고 무엇이 보이는지 이야기해보자.

그림 6-4

루빈의 잔

그림 6-5

비트겐슈타인의 오리토끼

〈그림 6-4〉를 보고 누군가는 마주보는 사람으로 볼 수도 있고 누군가는 물병으로 볼 수도 있다. 〈그림 6-5〉에서 누군가는 토끼로 보고, 누군가는 오리로 볼 수도 있다. 내면적 정신화는 자신이 그림을 보고 떠오른 생각을 의미한다. 외현적 정신화는 나와 다른 것을 본 사람의 이야기를 듣고 '그럴 수도 있겠다. 어떻게 하면 그렇게 보이는 건지 나도 해봐야지'라는 노력을 의미한다. 이러한 정신화의 과정을 통해 타인을 이해할 수 있게 된다.

정신화는 다섯 가지의 역할을 한다. 첫째, 자신과 타인의 행동을 예측 가능하게 한다. 즉, 사고와 감정의 귀인을 통해 사람들의 행동을 의미 있게 볼 수 있게 한다. 둘째, 타인과의 관계에서 안정적인 애착을 촉진하고 유지한다. 셋째, 사건의 외관과 실제를 구분할 수 있게 한다. 즉 겉으로 보이는 모습과 내면의 동기를 구별할 수 있게 도와준다. 넷째, 타인의 심리상태를 인지하게 하여 소통을 증진시킨다. 다섯째, 타인의 외부세계를 의미 있게 연결할 수 있게 한다(심영숙, 2010).

리더십 측면에서 타인이해는 필수적인 부분이다. 타인이해를 하기 위해서는 자기이해를 중심으로 하여 타인의 생각에 대한 외현적 정신화 과정을 거쳐야 한다. 이를 통해 타인의 의견을 겉으로만 수용하는 척하는 것이 아니라 진심으로 수용하고 이해할 수 있게 된다.

생각 노트

나의 장점과 단점

♥ 나의 자랑거리를 10개 써보세요.

1		6	
2		7	
3		8	
4		9	
5		10	

♥ 나의 단점을 3개 쓰고, 미치는 영향과 극복 방법을 써보세요.

나의 단점	미치는 영향	극복방법

♥ 내가 가지고 싶은 다른 사람의 장점을 찾아보세요.

닮고 싶은 사람	내가 가지고 싶은 장점

(3) 자기이해의 방법

인간은 자신을 올바르게 이해함으로써 삶을 효과적이고, 풍요하고, 즐겁고 만족스럽게 보낼 수 있다. 자기이해는 개인적인 삶의 목적을 보다 현실적으로 설정하도록 해주며 목적의 달성을 보다 수월하게 해주며 원활한 관계 형성을 도와줄 수 있다(이서영, 2014). 자신을 이해하기 위해서는 자신의 행위, 자기 삶의 표현, 자기 삶의 표현이 타인에게 미치는 영향을 통해 가능하다. 또한 타인과 이해하기 위해서, 사회를 이해하기 위해서는 자신에 대한 이해가 선행되어야 한다.

파이너(Pinar, 1985)는 자기이해를 위해서는 자서전적 연구방법이 필요하며, 이 방법을 통해 '자신을 건설하는 방법(an architecture of self)'을 배울 수 있다고 주장하였다. 자신이 갖고 있는 현재의 생각, 나의 장점과 단점, 가지고 싶은 타인의 장점들은 '나'를 건설하는 데 도움을 준다. 또한, 자신의 삶에서의 최초의 기억, 어린 시절 가장 인상적인 에피소드, 나의 인생 곡선에 대한 생각과 활동은 '나'를 이해하는 데 도움이 된다.

생각 노트

나의 인생곡선

♥ Life line을 그려보세요. (시작은 몇 살이든 가능합니다.)

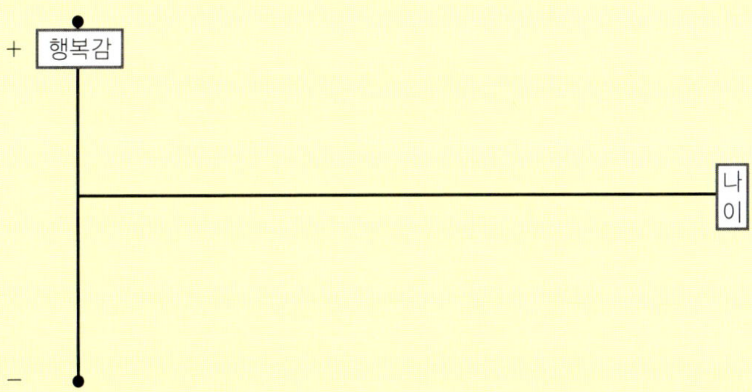

2. 자기이해 지능(자기성찰 지능)

(1) 자기이해 지능이란?

자기이해 지능은 가드너(Gardner, 1993)의 다중지능이론에서 나타난 8가지 지능 중 하나로 자아성찰 지능이라고도 한다. 가드너는 기존의 획일화되고 편협한 지능에 대한 관점을 비판하고 인간은 서로 다른 인지적 장점과 스타일이 있다는 다면적인 지능의 개념을 제안했다. 이는 개인의 장점 또는 잠재력에 대한 새로운 관점을 제공한다는 점에서 의미가 있다.

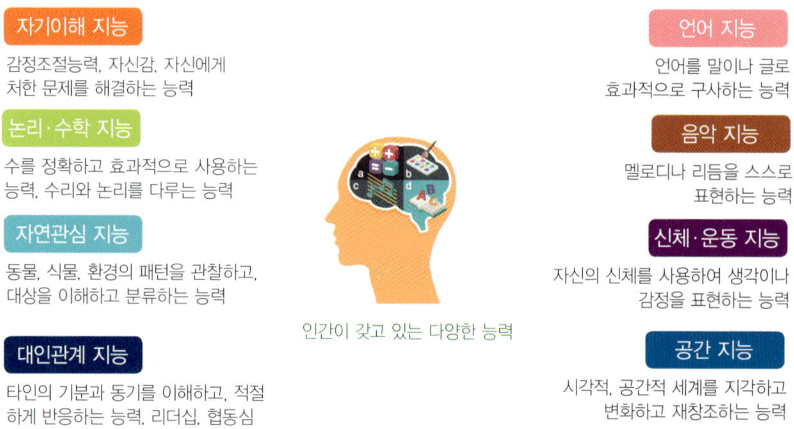

:: 그림 6-6 다중지능의 영역

가드너(Gardner)는 8개의 지능 중 자기이해 지능과 대인관계 지능을 인성 지능으로 분류하였으며 자기이해 지능은 자신에 대한 정확한 이해와 조절, 이를 바탕으로 한 자기관리 능력으로 보고 모든 지능의 작용에서 기본이 되는 지능이라고 주장하였다. 자기이해 지능은 자신의 감정을 잘 알고 감정의 차이를 식별하는 능력이며 동시에 감정을 조절하고 행동하는 데 활용하는 능력과 자기 자신의 강점, 욕구, 능력에 관한 지식이다. 이후 자기 자신의 정서와 능력에 대한 이해와 조절 및 활용을 바탕으로 자신의 삶의 의미와 목적을 발견하고 실현하기 위해 자기설계를 하는 능력으로 볼 수 있다(안체윤, 오미경, 2013).

이러한 자기이해 지능은 자신에 대한 객관적인 이해를 기반으로 긍정적인 인식을 하고 동기와 목표를 정확히 하여 삶에 있어서 합리적인 결정을 하게 하는 자아실현의 중요한 요인이라고 볼 수 있다.

(2) 자기이해 지능이 높은 사람

자기이해 지능의 핵심은 자기 자신의 감정, 욕구, 근심 그리고 자신만이 가지고 있는 재능의 특성을 구분해 내고 그것들을 합리적인 방식으로 조합해 개인의 다양한 목표를 달성하도록 활용하는 데 있다. 자기이해 지능이 높은 사람은 자신에 대한 건강한 행동모델을 가지고 있고, 자신의 목표, 감정, 강점과 약점, 공포 등을 잘 파악하며 인생의 현명한 결정을 내릴 때 앞의 행동모델을 고려한다(권오정, 2008).

■ 자기이해 지능이 높은 사람

- 자기를 향상시키고자 하는 욕구가 강함
- 자아존중감이 높음
- 문제해결력이 높음
- 자신의 감정을 잘 알고 조절
- 자신의 신체적 컨디션을 알고 잘 조절
- 자신에 대해 객관적으로 이해

- 자신의 중요한 인생의 문제에 대해 사색하고 반성하는 시간을 갖고 있음
- 자신에게 맞는 특별한 취미

(3) 자기이해 지능의 영역

가드너(Gardner, 1999)는 다중 지능의 핵심 요소를 발표하면서 자기이해 지능을 ■자신의 감정을 잘 알고 감정의 차이를 식별하고, ■감정을 조절하고 행동하는 데 활용하는 능력, ■자기 자신의 강점, 욕구, 능력에 관한 지식을 그 핵심으로 기술하였다.

이후 다양한 다중지능검사 도구에서 자기이해 지능의 영역 하위요소들을 정리해왔는데 여기서는 안체윤, 오미경(2013)의 성인용 자기성찰 지능 척도의 내용을 다룰 것이다. 이들은 자기이해 지능을 자기이해, 자기설계, 정서조절 및 정서활용, 자기반성의 4가지 요인으로 분석하였다.

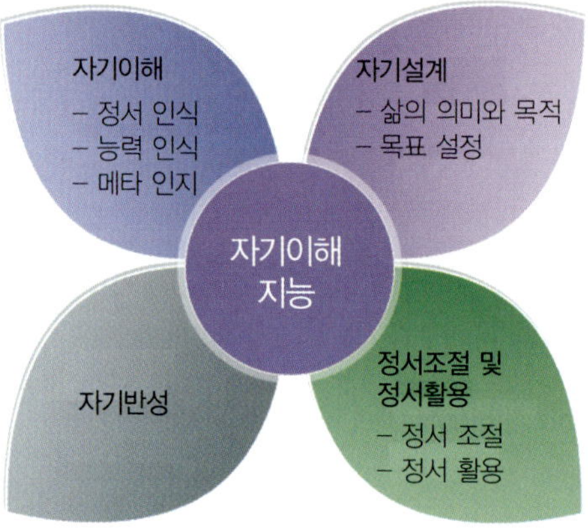

그림 6-7 자기이해 지능의 하위요소

① 자기이해

자기이해는 자기이해 지능의 가장 기본적이며 중요한 요인으로 자신의 강점과 약점에 대한 각성과 자신의 능력을 이해하고 그 능력을 활용하는 데 도움을 주는 능력이다. 자신의 강점 및 단점 등에 대한 객관적 이해와 함께 상황에 따른 감정, 성질, 욕구, 의도 등의 모든 정서 상태에 대한 이해를 의미한다.

- 자신의 정서 인식
- 자신의 능력 인식
- 메타인지: 자신이 알고 있는 것에 대한 자각

② 자기설계

자기설계는 자신의 삶의 의미와 목적을 찾고, 미래를 위한 목표 설정 능력을 의미한다. 자신을 이해하는 사람은 개인이 달성해야 할 대상을 스스로 개발하고 공식화하는 일련의 과정이 필요하며 이는 자아실현의 중요한 과정이라고 볼 수 있다. 개인은 이러한 자기설계를 통해 스스로를 가치 있게 여기고 미래에 대한 희망을 가질 수 있다.

- 삶의 의미와 목적
- 목표설정

③ 자기조절 및 정서활용

자기조절과 정서활용은 자신의 정서와 행동에 대한 조절 및 활용 능력을 의미한다. 인간은 자신이 목표한 삶을 살기 위해 자신을 잘 조절하고 관리해야 하며 타인이나 환경과의 조화로운 관계를 위해 정서를 조절·활용하고 행동을 통제할 수 있어야 한다.

- 정서조절
- 정서활용
- 행동통제

④ 자기반성

자기반성은 사전적으로 자신의 사고과정이나 문제해결 과정, 그리고 그 결과에 대해 생각하는 사고과정으로 초인지, 자기-점검 사고, 반성적 사고와 유사한 의미를 지니고 있다. 즉, 자기반성은 자기 자신의 내면이나 행위에 대한 성찰이나 반성 능력이며 과거에 대한 반성만이 아닌 미래에 대한 방향성을 포함하는 것으로 볼 수 있다.

❖ 표 6-1 자기이해지능 체크리스트(1~5점)

영역	번호	내용	점수
자기이해	1	갑자기 내가 너무 감정적으로 변하거나 이유 없이 우울해질 때를 알아차릴 수 있다.	
	2	나는 내가 하는 생각들을 잘 알아차릴 수 있다.	
	3	나는 기분이 좋아지거나 불쾌해질 때 그 원인이 무엇인지 알 수 있다.	
	4	나는 내가 좋아하는 하는 행동인지 억지로 하는 것인지 잘 구분할 수 있다.	
	5	나는 나의 감정상태를 잘 구분할 수 있다.	
	6	나는 나의 마음이 어떻게 움직이는지 잘 안다.	
	7	나는 어떤 일로 인해 나에게 감정이 일어나는 순간을 알 수 있다.	
	8	나는 내 스스로의 감정을 잘 이해하는 편이다.	
	9	나는 내 마음 상태를 들여다보고, 왜 이런 마음이 생겼는지를 본다.	

영역	번호	내용	점수
자기설계	10	나는 내 삶에 있어서 목적과 방향을 갖고 있다.	
	11	나는 미래에 이런 사람이 되어야겠다는 뚜렷한 신념이 있다.	
	12	내가 누구인지 무엇을 하며 인생을 보낼지에 대한 확신을 가지고 있다.	
	13	나는 미래를 위한 단기적인 목표를 가지고 있다.	
	14	나는 내가 원하는 목적을 달성하기 위해 목표를 구체적으로 세운다.	
	15	나는 장래에 성취하고자 하는 삶의 장기적 목표에 대하여 생각한다.	
	16	나는 내 미래의 모습이나 직업을 위해 무엇을 준비해야 하는지 안다.	
	17	나의 삶이 제대로 가고 있는지 회의가 들 때 내가 이 일을 하고 있는 이유를 생각해본다.	
자기조절 및 정서활용	18	나는 내가 흥분이 되어 있을 때 스스로 진정시킬 수 있다.	
	19	나는 내가 화가 났을 때 스스로 화를 다스릴 수 있다.	
	20	나는 화가 날 때 이를 알아차리고 빨리 화를 풀 수 있는 방법을 찾아낸다.	
	21	나는 화가 많이 나더라도 다른 사람의 기분을 고려하여 참는다.	
	22	나는 누가 나를 화나게 할 때 상황에 따라 화를 내야 할지 참아야 할지를 스스로 선택할 수 있다.	
	23	나는 내 생각이나 감정을 상황에 맞게 잘 통제하고 조절할 수 있다.	
	24	나는 문제를 해결할 때 침착하게 한다.	
	25	나는 상대방이 이야기 할 때 중간엔 끼어들지 않고 끝까지 기다려 줄 수 있다.	
	26	다른 사람이 실수로 나에게 피해를 입혔을 경우 화를 내지 않을 수 있다.	
	27	나는 그 상황이 마음에 들지 않아도 전체를 위해 맞춰줄 수 있다.	
	28	나는 우울해지면 그것을 해결할 수 있는 나만의 방법이 있다.	
	29	나는 평소에 기분을 좋게 하려고 애쓴다.	

영역	번호	내용	점수
자기반성	30	나는 실패를 경험했을 때 지금까지 살아온 나의 삶을 되돌아보곤 한다.	
	31	일이 잘못되었을 때 내가 왜 그렇게 행동했는지에 대해 생각한다.	
	32	내가 타인에게 상처를 주었을 때 나의 모습, 생활, 행동, 말들을 돌이켜 볼 때가 있다.	
	33	일상에 묻혀 바쁘게 생활하다가 회의가 느껴지는 순간 '내가 잘 살고 있나' 하고 되돌아본다.	
	34	다른 사람이 나에게 상처 주는 말을 했을 때 내가 무엇을 잘못해서 그런 말을 들었는지 지난 일들을 돌이켜본다.	
	35	내가 타인에게 실수를 했을 때 내가 했던 행동이 옳았는지 점검해본다.	

출처: 안체윤, 오미경(2013)의 성인용 자기성찰지능 척도 개발 연구. 인간발달연구, 20(1), 51-78.

3. 자기이해를 위한 검사도구

(1) MBTI 성격유형 검사

MBTI(Myers-Briggs Type Indicator)는 융의 심리유형론을 근거로 Katharine Cook Briggs와 Isabel Briggs Myers, 손자인 Peter Myers에 이르기까지 무려 3대에 걸쳐 70여 년 동안 계속적으로 연구 개발한 일상생활에서 활용할 수 있도록 고안한 성격유형지표이다. MBTI는 인식과 판단에 대한 융의 심리적 기능이론, 인식과 판단의 방향을 결정짓는 융의 태도이론을 바탕으로 제작되었다. 개인이 쉽게 응답할 수 있는 자기보고 문항을 통해 인식하고 판단할 때의 각자 선호하는 경향을 찾고, 이러한 선호 경향이 합쳐져서 인간의 행동에 어떠한 영향을 미치는가를 파악하도록 돕는 심리검사이다(Tieger & Barron, 2016).

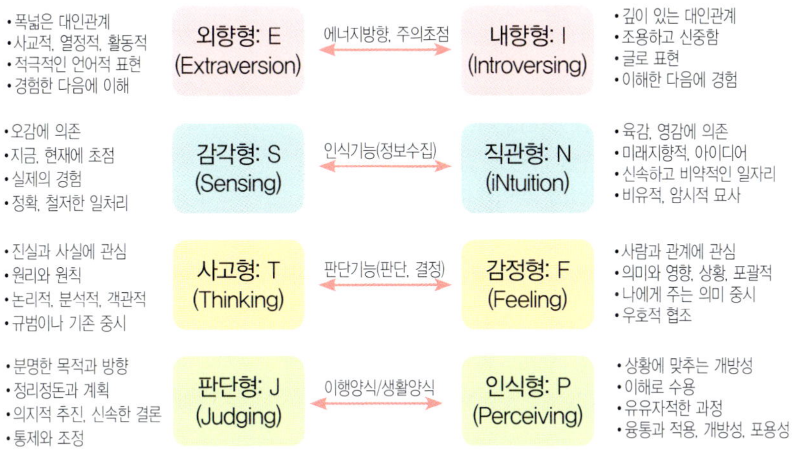

:: 그림 6-8 MBTI 검사의 4가지 선호경향

[검사의 실시]

- 검사에 소요시간은 약 15분 정도이다.
- 앞으로 되고 싶은 성격이 아니라, 현재의 성격상태를 그대로 체크한다.
- 자신의 현재 신분/직무 등에 맞추어 응답하지 말고, 자신이 선호하는 대로 응답하라.

❖ 표 6-2 16가지 성격유형의 대표적 특성

ISTJ	ISFJ	INFJ	INTJ
책임감이 강하며 현실적이다. 매사에 철저하고 보수적이다.	차분하고 헌신적이며, 인내심이 강하다. 타인의 감정 변화에 주의를 기울인다.	높은 통찰력으로 사람들에게 영감을 준다. 공동체의 이익을 중요시한다.	의지가 강하고 독립적이다. 분석력이 뛰어나다.
ISTP	**ISFP**	**INFP**	**INTP**
과묵하고 분석적이며 적응력이 강하다.	온화하고 겸손하다. 삶의 여유를 만끽한다.	성실하고 이해심이 많으며 개방적이다. 잘 표현하지 않으나, 내적 신념이 강하다.	지적 호기심이 높으며, 잠재력과 가능성을 중요시한다.
ESTP	**ESFP**	**ENFP**	**ENTP**
느긋하고 관용적이며 타협을 잘한다. 현실적 문제해결에 능숙하다.	호기심이 많으며 개방적이다. 구체적인 사실을 중시한다.	상상력이 풍부하고 순발력이 뛰어나다. 일상적인 활동에 지루함을 느낀다.	박학다식하고 독창적이다. 끊임없이 새로운 시도를 한다.
ESTJ	**ESFJ**	**ENFJ**	**ENTJ**
체계적으로 일하고, 규칙을 준수한다. 사실적 목표 설정에 능하다.	사람에 대한 관심이 많으며 친절하다. 동정심이 많다.	사교적이고, 타인의 의견을 존중한다. 비판을 받으면 예민하게 반응한다.	철저한 준비를 하며 활동적이다. 통솔력이 있으며 단호하다.

출처: 네이버 지식백과.

MBTI 테스트 가능 사이트
https: //www.16personalities.com/ko
https: //testharo.com/16personalities/
(다중지능검사 등 다양한 검사가 가능)

(2) 에니어그램 성격검사

에니어그램이란 그리스어로 9를 의미하는 에니어(ennea)와 그림이라는 뜻을 지닌 그램(gram)의 합성어로 9개의 점이 있는 그림을 의미한다. 에니어그램 성격검사는 인간의 성격을 9가지로 구분하고 각 개인은 이 성격 유형 중 하나의 유형에 속하게 된다고 본다.

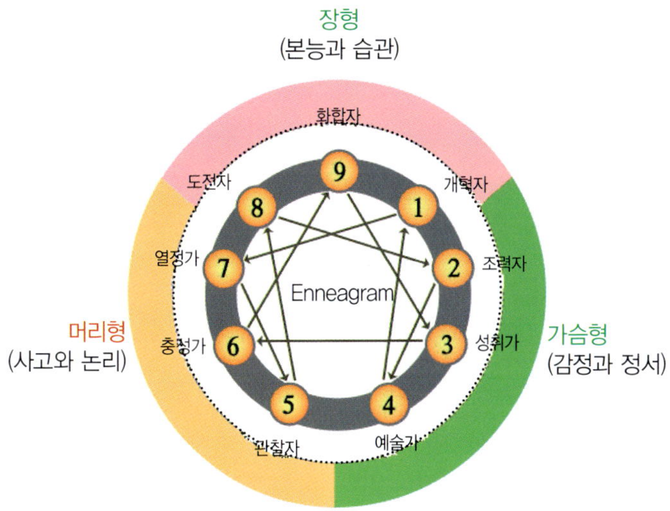

그림 6-9 에니어그램의 날개와 화살표

출처: 한국애니어그램협회.

[검사의 실시]

- 앞으로 되고 싶은 성격이 아니라, 현재의 성격 상태를 그대로 체크한다.
- 너무 깊이 생각하지 않고 답한다.

[검사의 결과]

- 가장 많이 체크된 유형이 자신의 에니어그램 성격유형이다.
- 성격의 약점과 강점을 파악해 본다.
- 시간을 두고 계속 나 자신을 관찰한다.
- 동일한 개수가 나왔다면 두 유형을 모두 살펴본다.
- 중심에너지는 생활할 때, 가장 비중 높게 사용하게 되는 에너지를 의미한다.

에니어그램 테스트 가능 사이트

http: //enneagram-app.appspot.com

http: //www.anylover.com/html/test.html

생각주머니 열기

자기이해를 위한 생각과 활동을 해보았습니다. 내가 생각하는 '나'는 어떤 사람인가요?

CHAPTER 07

리더의 필수조건 1: 의사소통

개요

의사소통은 리더의 필수적인 조건이다. 의사소통은 성공적인 리더십을 발휘하기 위해서 가장 중요한 기술이며 이를 통해 팔로어와 감정을 공유하고, 아이디어를 얻고, 비전을 제시하고 타인을 설득할 수 있다. 이 장에서는 의사소통의 개념과 바람직한 의사소통 방법에 대해 구체적으로 알아볼 것이다. 언어적 의사소통 방법과 비언어적 의사소통 방법에 대해 알아보며 자신의 의사소통 방식을 반성해볼 수 있을 것이다.

목표

- 의사소통의 개념과 구성요소에 대해 알 수 있다.
- 의사소통의 과정과 장애요인에 대해 이해할 수 있다.
- 바람직한 언어적, 비언어적 의사소통 방법을 알 수 있다.

주요 용어

발신자
메시지
수신자
경청

1. 의사소통의 이해

리더에게 의사소통 능력은 필수조건이다. 의사소통 능력이 높다고 해서 모두 리더가 될 수 있는 것은 아니지만 좋은 리더가 되기 위해서는 의사소통 능력이 반드시 높아야 한다. 의사소통은 인간관계의 기본이며 직업수행의 필수적인 역량이다.

(1) 의사소통의 개념

의사소통(communication)은 라틴어 'communis'에서 유래한다. 이는 '공통되는', '공유하다'라는 뜻을 가지고 있으며 함께 유래된 말은 'community'이다. 즉, 의사소통은 개인적인 차원이 아니라 사회적인 차원에서 나타나는 관계성과 관련된 개념이다. 의사소통에 대한 학자들의 정의를 살펴보면 이러한 관계성과 상호 영향성이 나타남을 알 수 있다.

- 의사소통이란 사람들이 서로를 이해하기 위해 그리고 다른 사람의 관점에서 문제를 보고 다른 사람과의 관점의 차이를 알기 위하여 자신의 느낌과 의미를 상대와 교환하는 방법이다(McClain, 1970).
- 인간이나 동물들이 기호를 통하여 서로 정보나 메시지를 전달하고 수신해서 서로 공통된 의미를 수렴하고 나아가 서로의 행동에 영향을 미치는 과정 및 행동이라고 할 수 있다(차배근, 1994).
- 의사소통은 조직 내에서 개인 또는 집단 사이에 일련의 사실이나 사고, 의미 및 태도 등을 상호 주고받는 과정이다(이병진, 2003).

의사소통은 교사 개인에게 있어서도 매우 중요한 기술이다. 교사에게 의사소통은 학생과의 일상적인 관계뿐만 아니라 교수학습의 과정까지 포함하는 포괄적인 의미를 갖는다. 또한 학부모와의 관계, 동료교사, 상급교사와의 관계에서 필수적으로 요구되는 능력이다. 유아교사는 유아와의 교육에 있어서 교수학습의 의사소통과 일상적 의사소통이 분리되지 않고 통합되어 있는 특성을 갖는다. 유아교육의 대상이 유아뿐만 아니라 그들이 가족까지를 포함하고 있기 때문에 더욱 높은 수준의 의사소통기술이 요구된다.

그림 7-1 유아교사의 의사소통 영역

의사소통은 인간관계의 기본이면서 조직유지를 위한 필수적인 조건이다. 리더십의 관점에서 집단 내의 의사소통은 리더십을 발휘하고, 집단이 유지되고 발전하는 데 핵심적인 요소가 된다. 리더가 팔로어에게 정확한 정보를 제공하는 것은 매우 중요한 일이다. 의사소통이 원활해야 공통된 목표를 가질 수 있으며 구성원 상호 간의 통합을 강화하고 협동적인 목표달성을 할 수 있다(백종철, 2008). 리더는 팔로어와 감정을 공유하고, 새로운 아이디어를 끌어내며 다른 사람을 설득할 수 있어야 한다.

개인의 의사소통 능력은 대인관계에 국한되지만 리더의 의사소통 능력은 단순히 개인적 차원이 아니라 집단의 목표달성, 구성원의 통합과 같은 사회적 차원으로 확장된다.

이러한 집단 의사소통은 다음과 같은 특성을 갖는다(추헌, 1995).

첫째, 집단 내의 의사소통이 개인과 개인, 개인과 집단, 집단과 집단 사이에 이루어지더라도 궁극적으로 의사소통은 집단의 개인에 의해서 이루어지기 때문에 원칙적으로 개인 간에 발생하는 것이다. 따라서 리더 개인의 의사소통 기술은 매우 중요하다.

둘째, 집단 내의 의사소통은 궁극적으로 집단의 목표와 관련된다. 집단 내에 소속된 개인이 의사소통을 한다는 것은 집단의 목표달성과 관련된 의사소통이라고 볼 수 있다. 즉, 유아교육기관에서 일어나는 의사소통은 교육적 목표를 달성하기 위한 의사소통이다.

셋째, 의사소통의 기본적 단위를 형성하는 핵심적인 요소는 발신자와 수신자, 정보전달 매체, 정보전달 경로이다.

넷째, 집단 내의 모든 상호작용은 근본적으로 의사소통을 내포하고 있기 때문에 집단 내의 의사전달은 매우 복잡하다.

다섯째, 의사전달이 없으면 집단은 붕괴하기 때문에 의사소통은 집단의 생명선이다. 즉, 집단 의사소통은 인간이 수행하는 매우 복잡한 상호작용으로서 집단 내의 공통 목표가 중심이 되며 집단에 있어서 가장 중요한 과정이라고 할 수 있다.

(2) 의사소통의 구성요소

의사소통은 단순히 개인의 생각, 느낌, 의견을 상대방에게 전달하는 것만이 아니라 상대방에게 이해시키는 상호이해의 과정을 의미한다. 자신의 생각을 언어로 전달하는 것이 목적이 아니라 이해시키고 설득시키는 것이 목적이다. 리더는 좋은 의사소통을 통해 팔로어의 생각과 마음을 움직이며 집단의 목표를 위해 팔로어가 행동할 수 있게 한다.

이러한 의사소통은 단순히 언어로만 이루어지는 것이 아니라 비언어적인 의사소통을 포함한다. 의사소통 기술을 단순히 말을 잘하는 것으로 여기는 것은 적절하지 않다. 의사소통은 언어와 언어 이외의 요소로 구분되며 언어적 의사소통은 신호하기, 쓰기와 읽기, 말하기와 듣기로 구성되어 있으며 언어 이외의 요소는 부차언어적 요소, 상위언어적 요소, 비언어적 요소로 구성된다. 다음 그림은 의사소통의 구성요소이다.

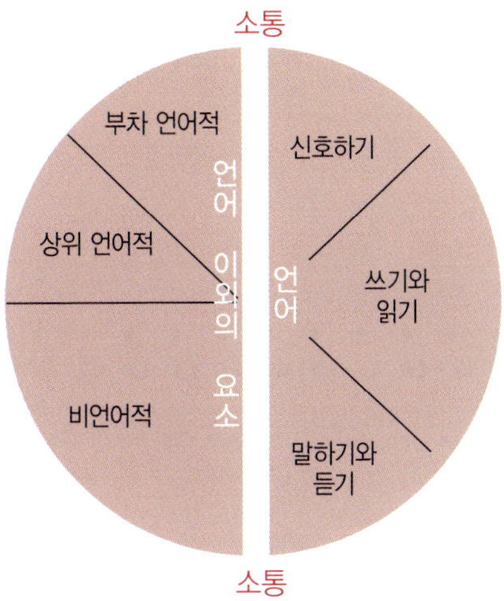

:: 그림 7-2 의사소통의 구성요소

① 언어적 요소

- 신호하기
- 쓰기와 읽기
- 말하기와 듣기

② 언어 이외의 요소

- 부차언어적 요소
  - 언어로 표현할 때의 억양, 강세, 강조, 빠르기, 쉼이나 머뭇거림

- 상위언어적 요소
  - 언어의 정확성과 적합성을 판단하는 인지적 요소
- 비언어적 요소
  - 몸짓, 눈빛, 신체자세, 표정, 시선접촉, 움직임, 신체적 거리 등

화술이 좋다고 해서 소통능력이 높은 것은 아니다. 의사소통기술에서 화술은 일부분이며 언어 이외의 요소들을 잘 활용해야 한다. 특히 몸짓이나 눈빛과 같은 비언어적인 요소가 강력하게 작용한다.

생각 노트

- 자신이 자주 하는 말이나 몸짓의 습관을 찾아보세요.

(3) 의사소통의 과정

의사소통은 발송자가 수신자에게 어떤 반응 행동을 일으키기 위하여 여러 가지 매체를 사용하여 그의 생각, 의견, 정보, 지식 등 어떤 상이나 메시지를 전달하는 주도적 행동과정이다(이병진, 2003). 의사소통

에 대한 설명을 살펴보면 '발신자', '수신자', '메시지'라는 용어가 핵심임을 알 수 있다. 일반적인 의사소통의 과정을 구조화하면 다음과 같다(이병진, 2003).

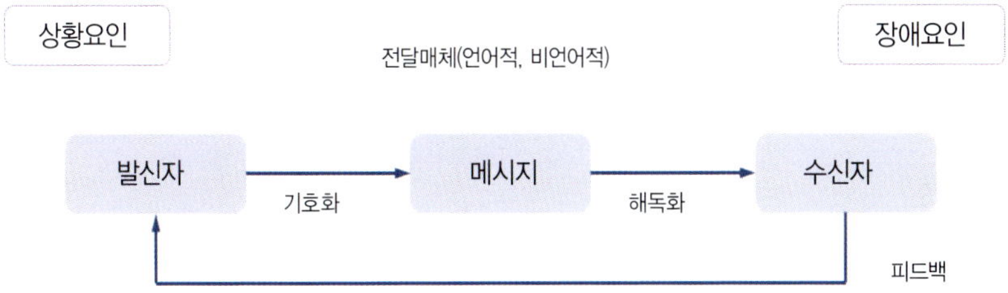

그림 7-3 의사소통의 일반적 과정

출처: 이병진(2003). 교육리더십. 서울: 학지사. p. 221.

① 발신자

발신자는 메시지를 수신자에게 보내는 사람이다. 발신자는 보내고자 하는 메시지를 기호화 과정을 통하여 수신자에게 전달하게 된다.

② 메시지

메시지는 발신자가 수신자에게 보내는 어떤 의미를 가지고 있는 유형, 무형의 기호이다. 메시지는 발신자의 의도를 대신 표시하는 것으로 그 형태는 언어적 기호와 비언어적 기호로 구분된다. 특히 메시지의 효과는 발신자와 수신자 사이의 상호신뢰의 정도에 따라 크게 영향을 받는다.

③ 수신자

수신자는 발신자로부터 메시지를 받는 사람이다. 수신자는 발신자로부터 받은 메시지를 해독화 과정을 통해 이해하게 된다. 의사소통의 과정에서 수신자는 매우 중요하다. 발신자는 수신자의 수준, 상황 등을 고려해야 한다. 메시지를 받고 받지 않고는 수신자에게 달려 있다.

④ 피드백

피드백은 발신자의 메시지가 수신자에게 정확하게 전달되고 이해되었음을 알게 해주는 수신자의 반응이다. 피드백은 발신자와 수신자 사이의 의사소통 과정이 얼마나 잘 이루어졌는가를 확인할 수 있는 중요한 과정이다.

⑤ 장애

발신자의 메시지가 수신자에게 전달되는 과정에서 나타나는 간섭, 훼방, 왜곡 등과 같이 발신자의 의도를 변화시키는 모든 요인을 말한다.

의사소통의 과정을 살펴보면, 리더는 팔로어와 의사소통을 할 때 자신의 메시지를 정확하게 전달할 수 있는 전달매체에 대한 고민이 필요하다. 또한, 팔로어의 상태가 메시지를 받는 데 매우 중요하다는 것을 알 수 있다. 예를 들어 리더가 누군가에게 아무리 좋은 이야기를 해도 듣는 사람이 들을 준비가 되어 있지 않고, 들을 상황이 아니라면 어떤 이야기도 받아들여지지 않는다. 의사소통에서 수신자의 상황은 매우 중요하다. 리더는 자신의 상황이 중심에 놓지 않고, 팔로어의 상황, 상태를 중심에 두고 자신의 메시지를 전달해야 한다. 또한 팔로어의 피드백을 통해 자신의 메시지가 정확하게 전달되었는지를 계속 파악할 필요가 있다.

(4) 의사소통 장애요인과 극복 방안

리더는 집단에서 의사소통을 방해하는 장애요인을 파악하고 이에 대한 적절한 조치를 취할 필요가 있다. 집단 내의 의사소통의 장애요인은 개인 내 장애요인, 개인 간 장애요인, 집단 차원의 장애요인, 기술적 장애요인 등이 있다(Bedeian, 1980).

① 개인 내 장애요인

개인의 연령, 성, 신념, 문화적 배경, 태도, 언어습관 등 개인의 선택적 지각과 신상과 관련된 개인의 속성으로 야기되는 장애요인이다.

② 개인 간 장애요인

대인관계와 관련된 것으로 치밀도, 신뢰도, 선입관이나 편견, 관계정도 등에 의해 야기되는 장애요인으로 특히 편견은 의사소통의 의미를 왜곡할 수 있다.

③ 조직 차원의 장애요인

조직 내 구조적 문제와 관련된 것으로 지위, 전달체제, 집단 크기, 시공간적 문제 등으로 야기되는 장애요인이다.

④ 기술적 장애요인

의사소통의 전달매체와 전달과정과 관련된 것으로 부정확하고 모호한 매체의 사용이나 전달과정상의 물리적 및 심리적 문제로 야기되는 장애요인이다.

이러한 의사소통 장애의 극복 방안으로는 반복, 감정이입, 이해, 피드백, 경청 등의 방법이 있다(Lunenburger & Ornstein, 2011).

❖ 표 7-1 의사소통장애의 극복방안

반복	가장 일반적인 장애 극복 기술로 여러 경로를 통하여 메시지를 반복하여 전달
감정이입	발신자가 메시지를 전달하기 전에 수신자가 어떻게 반응할지 미리 예측
이해	수신자가 보다 쉽게 이해할 수 있는 메시지로 전달
피드백	발신자와 수신자가 상호 확인하는 양방향 의사소통
경청	발신자의 메시지를 잘 받고 이해하는 것, 상호신뢰 형성의 기본

리더는 자신의 개인적 의사소통의 문제뿐만 아니라 집단 내에서 일어나는 의사소통 전반의 장애에 대해 파악해야 한다. 원활한 의사소통이 일어나지 않을 때 무엇이 문제인지를 파악하여 이에 대한 적절한 조치를 취할 필요가 있다. 발신자의 문제인지, 상황의 문제인지, 수신자의 문제인지 혹은 복합적인 문제일 때는 각 요소의 문제를 명료화하고 이에 대한 극복방안을 마련해야 한다. 발신자로서 리더는 의사소통에의 감정이입, 피드백, 신뢰가 있는 분위기 조성, 적절한 매체의 사용에 대한 기술을 지속적으로 향상시켜야 한다. 수신자로서의 역할을 할 때도 성급한 판단을 하거나 부정적으로 듣거나 자기중심적으로 해석하지 않도록 경계할 필요가 있다(이병진, 2005).

이러한 요인별 분석과 극복방안을 팔로어 모두와 공유하고 이를 적용할 수 있도록 한다. 다음의 그림은 의사소통 장애요인별 극복 방안을 도표화한 것이다(Chung & Megginson, 1981).

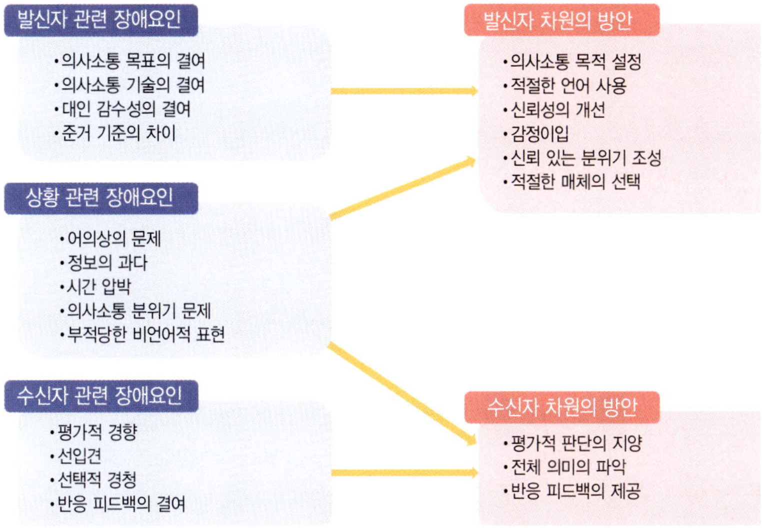

:: 그림 7-4 의사소통의 장애요인과 극복방안

출처: 이병진(2003). 교육리더십. 서울: 학지사. p. 226(재인용).

2. 의사소통의 기본전략

(1) 언어적 의사소통

언어로 소통한다는 것은 자신이 생각하고 전하고자 하는 바를 얼마나 정확히 전달하는가 하는 표현적인 측면과 상대방과 대화를 하면서 청자가 어떠한 사람이며, 무엇을 이야기하고 싶어 하고, 어떤 말을 듣고 싶어 하며 대화하는 이 순간 어떠한 상태인지를 끊임없이 파악해야 하는 이해의 측면으로 볼 수 있다. 이 두 가지 측면 모두가 충족되었을 때 보다 더 성공적인 소통이 일어난다.

표현 자신이 생각한 바를 얼마나 정확히 전달할 수 있는가?

수용 타인이 말하는 바를 얼마나 정확히 이해할 수 있는가?

① 대화의 1·2·3법칙

대화의 1 · 2 · 3법칙

- 1분 이내로 내가 말한다.
- 2분 이상 상대가 말하게 한다.
- 3번 이상 긍정의 맞장구를 친다.

그림 7-5 카네기의 1·2·3 법칙

데일 카네기(2003)의 『대화의 1, 2, 3법칙』은 인간관계에서 항상 언급되는 대화의 골든룰이다. 화술에서 중요한 것은 화자가 자신의 말만 잘하는 것이 아니라 청자로 하여금 자신의 마음을 열게 하여 진정한 대화가 이루어질 수 있도록 하는 것이다. 센스 있는 맞장구는 적극적으로 화자의 뜻을 이끌어내는 화법이다. 그것은 단순히 리듬을 맞추는 것뿐만 아니라, 화제의 본질에 접근해가는 과정이다.

유아교육 현장에서 리더는 단순히 자신의 의견, 생각, 마음을 전하는 것을 넘어서서 청자의 마음을 움직여야 한다. 성공적인 대화를 위해서는 우선 상대방의 말을 긍정적으로 받아들이고 동조하고 천천히 그 내용에 박자를 맞춘다. 그렇게 분위기가 고조되면 마음이 열리고 변화가 이루어질 수 있다.

■ 경청의 리더십, 링컨

그림 7-6 링컨

사람들은 링컨을 뛰어난 연설가로 생각하지만 실제 링컨은 다른 사람의 말을 잘 경청하는 사람이었다. 외모 때문에 인기가 없었던 링컨에게 턱수염이 있으면 더 좋을 것다고 말한 어린 아이의 말을 듣고 턱수염을 길렀다는 이야기는 그의 경청의 리더십을 잘 보여주는 일화이다.

■ 빌 게이츠의 대화법

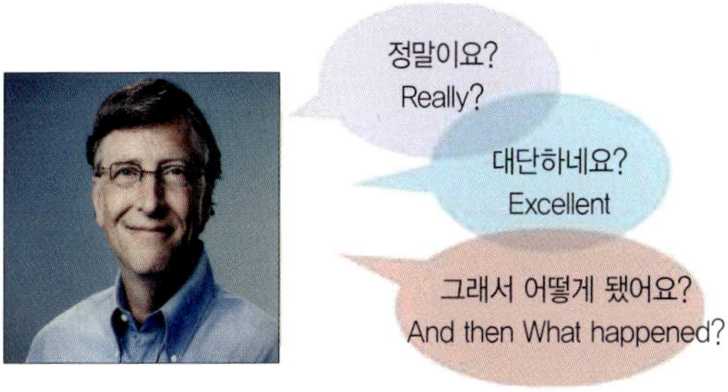

그림 7-7 빌게이츠의 대화법

빌 게이츠는 독보적인 영향력을 가진 사람이지만 생각보다 적이 없는데, 그 이유로 빌 게이츠의 경청이 강조된 대화법을 꼽는다. 빌 게이츠는 "정말이요, 대단하네요, 그래서 어떻게 됐어요?"라는 말을 주로 사용한다고 한다.

② KISS 법칙

대화의 KISS법칙

Keep it simple, stupid!

∷ 그림 7-8 래리킹의 KISS 법칙

KISS는 토크쇼의 달인으로 불린 래리킹이 자신의 저서인 『대화의 신』에서 위대한 연설가들이 지킨 공통적인 원칙으로 제시한 내용이다. KISS는 'Keep it simple, stupid'로 대화의 상대에게 무엇인가를 말할 때 간결하고 상대방이 알아들을 수 있는 수준으로 말해야 한다는 의미를 갖는다. stupid를 short로 말하기도 하는데 대화를 할 때는 간결하고 쉽게, 짧게 말하라는 것이다. 사람들은 길게 이야기하는 것을 좋아하지 않는다. 전문가는 어려운 것을 쉽게 이야기하는 사람이다. 리더는 자신이 하고 싶은 말을 짧고, 쉽게 해야 한다.

■ 링컨의 게티즈버그 연설

∷ 그림 7-9 링컨의 게티즈버그 연설

"Government of the people, by the people, for the people,
shall not perish from the earth"

링컨 대통령의 게티즈버그 연설은 단 2분 만에 272의 단어와 10개의 문장으로 이루어졌다. 이 짧은 시간 동안 사람들의 마음을 움직이고, 오래도록 회자되는 연설을 만들어냈다.

■ 케네디의 취임사

"Ask not what your country can do for you,
ask what you can do for your country"

:: 그림 7-10 케네디의 취임사

케네디 대통령의 취임사는 15분 남짓으로 매우 짧은 대통령 취임사로 꼽힌다. 그럼에도 전 세계 사람들에게 강렬한 인상을 주었으며 지금까지도 좋은 취임사로 기억된다.

(2) 비언어적 의사소통

우리의 몸은 생각보다 많은 정보를 상대방에게 전달한다. 친구가 입을 꾹 다물고 굳은 표정으로 내 앞에 앉아 있다. "화났니?"라고 묻자

"아니, 화나지 않았어"라고 대답한다. 이때 이 친구가 화가 다 풀렸다고 생각한다면 잘못된 생각이다. 표정과 몸짓같은 비언어적인 표현은 언어적인 표현보다 강력하다. 역시 화자의 표정, 몸짓, 태도, 눈빛은 말보다 더 많은 것을 말해준다.

① 배꼽법칙

배꼽이 향하고 있는 방향은 우리의 태도를 반영하고 감정 상태를 드러내준다. 타인을 만날 때나 자리에 앉을 때 나의 배꼽이 그쪽 방향으로 정확히 향해 있어야 상대방은 신뢰감을 갖고 존중받는다고 느낀다.

대화를 하고 있는 상대가 갑자기 배꼽을 문이나 출구 쪽으로 돌리거나 어떤 사람을 향하고 있던 배꼽을 다른 방향으로 돌린다면, 무의식적으로 그 사람과의 대화에서 벗어나고 싶다거나 접촉을 피하고 싶다는 신호를 보내는 것이다. 몸짓언어가 대개 그렇듯 배꼽의 법칙도 말 한마디 없어도 타인의 감정을 알고 타인에게 영향을 미칠 수 있는 매우 정확한 도구이다. 예를 들어 학부모가 교사와 이야기를 하다가 얼굴은 그대로 있지만 살짝 배꼽을 다른 방향으로 튼다면 감정이 불편하다는 것을 의미한다. 반대로 상대방에게 호감과 신뢰의 감정을 전하고 싶다면 고개만 돌리는 것이 아니라 몸통 전체를 돌려서 배꼽을 향하게 하는 전략을 사용해야 한다.

② 미러링

거울에 비친 상처럼 상대를 따라하고 모방하는 것을 '미러링'이라고 한다. 미러링은 특히 친밀감 형성에 도움이 되어, 쉽게 신뢰할 수 있는 관계로 이어질 수 있다. 화자는 상대방의 표정에서 나타나는 감정을 함께 따라하는 것만으로도 친밀감을 높일 수 있다. 다만, 과하게 흉내 내고 있다는 느낌을 주는 것은 금물이다.

③ 초두 효과

누군가를 만나서 이야기를 나눌 때 첫인상은 매우 중요하다. 인간은 상대를 보자마자 1~6초 사이에 상대의 인상을 결정하고 오랫동안 그 느낌을 바꾸지 않는다. 이를 초두 효과라고 한다. 이후의 내용이 어떻든지 첫 번째 정보에 따라 전체 인상이 아주 달라진다는 것이다. 인상이란 헤어스타일, 자세, 체형, 말투, 목소리, 표정 등 모든 것인데, 자신의 이미지를 만들어가는 것은 노력 여하에 따라 분명 달라질 수 있다. 일반적으로 분위기, 외모-표정, 시선-목소리, 말투-몸짓, 자세-말하는 내용의 순으로 인상 형성에 영향을 미친다. 매력적으로 말하는 것도 중요하지만 분위기와 외모를 바꾸는 것이 더 효과적이다. 어떤 장점을 보면 다른 부분까지 좋을 것이라고 생각하는 것을 후광 효과라고 한다. 뭘 그런 것까지 신경 쓰냐가 아니라 겨우 이런 것을 신경 쓰면 훨씬 더 효과적인 의사소통이 이루어질 수 있다.

3. 효과적인 의사소통 방법

(1) 의사소통의 핵심, 경청

경청은 의사소통에 매우 중요한 부분이다. 언어적 의사소통에서도 말을 잘하는 것이 중요한 것이 아니라 잘 듣는 것이 중요하다고 강조하고 있다. 또한, 경청은 단순히 말을 하지 않는 것이 아니라 상대방의 이야기를 잘 듣고 있다는 비언어적 행동까지도 포함한다. 잘 듣는 리더는 팔로어에게 그 자세와 태도만으로도 신뢰감을 준다. 경청의 '聽'이라는 한자를 살펴보면 귀와 눈, 마음이 들어 있다. 귀로 잘 듣는 것뿐만 아니라 상대를 집중해서 바라보고 상대방의 마음이 되어 진심으로 듣는 것을 의미한다.

『성공하는 사람들의 7가지 습관』의 저자 스티븐 코비(1994)는 경청을 중요한 성공의 습관으로 보았다.

① 경청의 5단계

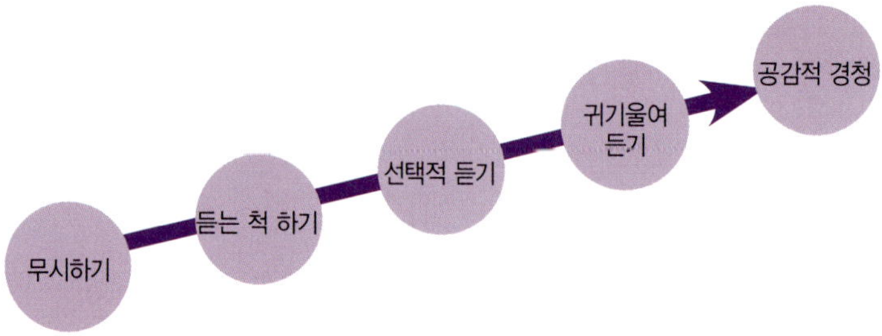

:: 그림 7-11 경험의 5단계

출처: Covey, S. R.(2017). 성공하는 사람들의 7가지 습관. 서울: 김영사.

■ 1단계: 무시하기

상대가 하는 이야기를 무시하는 단계로, 실제 듣는다고 말할 수 없다. 상대방은 이야기를 하지만 듣는 이에게 전달되는 내용은 하나도 없는 상태로 이 단계에서는 듣는 사람과 말하는 사람의 대화가 지속될 수 없다.

■ 2단계: 듣는 척하기

상대의 이야기를 단지 겉으로만 듣는 척하는 단계이다. 듣는 사람은 상대방의 이야기를 듣는 태도를 취하고 있지만 자신의 생각 속에 빠져 있기 때문에 이야기의 내용이 전달되지 않는다. 말하는 사람은 듣는 이가 실제로 듣지 않으면서 듣는 척한다는 것을 느낄 수 있기 때문에 대화를 지속하는 데 불편함을 느끼게 된다.

■ 3단계: 선택적 듣기

듣는 이가 말하는 이의 이야기를 듣기는 하지만 메시지 전체에 집중하기보다는 자신이 듣고 싶은 내용을 선택적으로 듣는 단계이다. 대화가 완료되면 말한 내용과 들은 내용에 차이가 발생하게 된다. 말의 의미를 오해하거나 일부 메시지는 기억하지 못하게 되어 말하는 이는 "내 이야기를 듣기는 했어요?", "당신은 듣고 싶은 이야기만 골라 듣는군요!", "제 말은 그런 의미가 아니에요." 등의 반응을 하게 된다.

■ 4단계: 귀기울여 듣기

듣는 이가 말하는 이의 이야기를 충분히 귀기울여 듣는 단계이다. 즉, 상대방이 어떤 이야기를 하는지 말의 내용에 집중하면서 듣는 단계로, 이 단계에서 말하는 이는 듣는 이가 이야기를 잘 듣고 있다고 느낄 수 있으며, 듣는 이 또한 말하는 이가 이야기하는 내용을 잘 이해할 수 있다. 비교적 바람직한 듣기 단계이지만, 실제 대화상에서는 4단계의 귀기울여 듣기를 실천하기가 어려울 때가 많다.

■ 5단계: 공감적 경청

말의 내용에 집중하면서 말하는 이가 어떤 느낌을 가지고 이야기를 하는지, 왜 이런 이야기를 하는지 등 추측하고 듣는 입장에서 이해한 내용을 말하는 이에게 확인하면서 듣는 단계이다. 즉, 공감적 경청은 말하는 이가 하는 말의 내용 이면에 숨겨진 의미까지 이해하려고 노력하는 단계로 충분히 이해 받고 있다는 느낌을 갖게 되면 전달자가 마음을 열고 대화에 참여하게 된다(Rogers & Farson, 1957).

(2) 신뢰감을 높이는 경청방법

다음의 신뢰감을 높이는 경청방법을 대화에 적용하면 효과적인 의사소통이 될 수 있다(도다 구미, 2015).

① 공감의 맞장구치기

상대방이 말을 할 때 경청을 해주는 가장 쉬운 방법은 맞장구를 쳐주는 것이다. 이때 무조건 "맞는 말씀입니다"를 반복하는 것이 아니라 "○○라는 말씀이시죠?"라고 반응을 하는 것이 좋다. 상대방의 말을 듣고 같은 말을 사용해서 공감하면 상대방은 "이 사람은 내 말을 이해했구나"라고 느낄 수 있게 된다. 또한, 상대방이 말한 내용 중에서 그 사람의 '기분'과 '바람'에 주목하는 것이 좋다.

② 흥미를 가지고 듣는다

사람은 누구나 다른 사람들이 자신의 이야기를 들어주기를 바란다. 자신의 이야기에 흥미를 보이며 기분 좋게 들어주면 호감을 느낀다. 상대방의 말에 "그거 재미있겠네요!"라고 적극적인 흥미를 보일 때 말뿐 아니라 상대방이 이야기한 내용이나 몸짓에 맞춰 반응을 보이면 호감도는 더 올라간다. 또한, "정말 신나겠다!", "정말 행복하시겠어요!"라는 상대방의 기분에 대한 반응을 하면 상대방이 이야기하기 편해진다.

③ 몸 전체로 듣는다.

사람은 자신의 이야기를 들어주는 사람에게 호감을 느낀다. 다소 과장되게 여길 정도로 동작인 큰 반응을 보여 몸 전체로 '듣고 있다'는 느낌을 확실하게 전한다. 상체를 앞으로 기울이거나 고개를 끄덕이거나 메모하기, 눈맞춤, 몸을 상대방을 향하게 하는 것은 좋은 몸짓이다.

④ 일방적으로 이야기하지 않는다.

상대방의 이야기를 어떻게 듣는가 하는 것은 인간관계를 극적으로 바꾸는 비결이기도 하다. 자신이 이야기를 할 때 한 문장이 끝나면 한 호흡 정도 틈을 둔다. 이것은 상대방이 말하는 사람의 이야기를 이해하기 위한 시간이다. 이야기 중간에 "어떻게 생각해요?"라는 질문을 던지면 더욱 만족한 대화를 할 수 있다.

⑤ 상대방의 말을 함부로 정리하지 않고 끝까지 듣는다.

상대방의 말을 끝까지 듣지 않으면 상대방은 '빨리 다른 화제로 옮겨가고 싶나 보다'라고 받아들인다. 상대방의 말을 중간에 끊거나 정리하지 말고 끝까지 듣는 태도를 갖춰야 한다. "그 말은 ㅇㅇ라는 뜻이지요?"라는 질문은 아무 때나 해도 좋은 질문이 아니라는 것이다. 끝까지 듣고 몸으로 들었다는 신호를 보낸 후에 정리하는 것이 필요하다. 말하는 중간에 정리하지 말자. "네, 네"라고 두 번씩 대답하는 것도 상대방을 불쾌하게 만들 수 있다.

⑥ 호감을 얻는 맞장구, 반감을 사는 맞장구

호감을 얻는 맞장구란 상대방이 말하기 편하다는 느낌을 받고, 이야기의 내용에도 맞고, 마음을 담은 맞장구를 가리킨다. "정말이요?", "그렇군요"와 같이 계속 비슷하게 맞장구를 되풀이하면 역효과가 난다. 호감을 주는 맞장구는 사실 피드백과 감정 피드백이다. 사실 피드백은 상대방의 말의 중요한 포인트를 되풀이하는 것이고 감정 피드백은 "걱정되시겠어요", "저도 마음이 아프네요"와 같은 감정적인 피드백이다.

⑦ 상대방을 이해한다는 마음을 담아 질문한다.

원인을 추궁하는 말투로 질문하면 상대방을 위축시키지만 이해하고 싶다는 마음을 담아 질문을 하면 즐겁게 대화를 이어나갈 수 있다. "그래서요?", "그걸 왜 몰라요?", "정리는 언제 할 거예요?"와 같은 질문은 추궁하는 말투이다. "그래서 어떻게 됐어요?", "선생님은 어떻게 생각해요?", "그렇게 생각하는 이유를 말해줄래요?"처럼 말하는 사람과 듣는 사람이 같은 이미지를 그릴 수 있는 질문을 해야 한다.

⑧ 상대방의 주관에 끌려가지 않고 듣는다.

상대방의 말을 객관적인 진실처럼 받아들이면 사실을 오해하는 일이 발생한다. 상대방의 주관적인 판단을 그대로 받아들이지 말고 사실과 구분해서 들어야 한다. "숲속반 선생님은 저를 싫어해요"라는 말에 "그 선생님은 괜히 왜 그러는 거예요?"라고 대답한다면 그 말에 동조하는 것이 되어 버린다. "그래요? 그렇게 생각할 만한 이유가 있었어요?"라고 물어야 주관과 사실을 구분하는 듣기가 될 수 있다.

(3) 효과적인 말하기

① 자신감을 갖자!

의사소통의 전제조건은 '나는 이렇게 생각해'라는 스스로에 대한 정확한 인식이다. '어떻게 하지'라고 걱정하는 것은 크게 도움이 되지 않는다. 잘할 수 있다고 생각하고, 잘하고 있다고 스스로를 끊임없이 격려하자. 자신감은 의사소통의 열쇠이다.

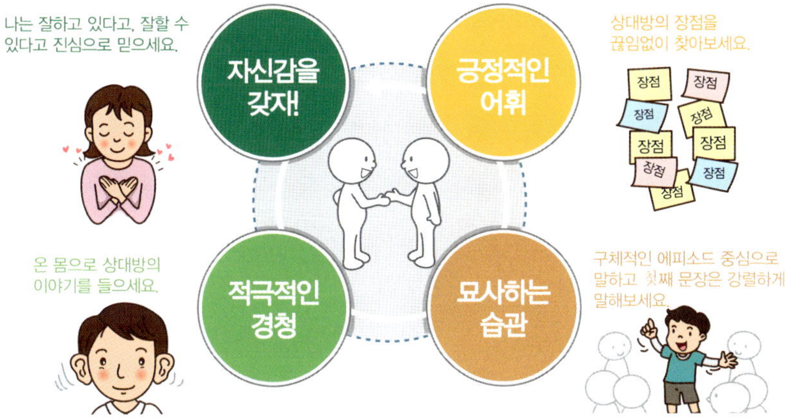

사람들은 자신이 가장 잘 아는 것을 이야기할 때 말을 잘한다. 잘 모르는 것에 대해 이야기를 하면 할 말이 별로 없다. 말하려고 하는 것에 대해 충분한 자료를 모으고 나의 것으로 소화해야 한다. 그래야 제대로 말할 수 있다. 자신감은 준비 없이 마음으로 갖고 싶다고 갖게 되는 것이 아니다. 자신감은 자신이 말할 것에 대한 충분한 이해에서 나온다.

기질적으로 불안한 사람의 경우, 실패할 것을 미리 두려워하거나 문제 상황이 생길 것이라는 근거 없는 불안감을 갖고 있다. 이러한 불안감을 줄이는 방법의 하나로 이미지 트레이닝이 있다. 청중 앞에서 말을 하는 상황에 대한 두려움이 있다면 발표가 끝난 후 사람들이 잘했다고 박수를 치고, 동료들이 칭찬하는 상황을 구체적으로 상상한다. 힘든 일이 있을 때 이 일이 다 지나가고 편안한 상태의 나를 떠올린다. 의식적으로 반복해서 긍정적인 이미지를 떠올리면 불안감이 감소되고 긍정적인 결말을 맺게 된다.

② 적극적인 경청을 하자!

성공적인 소통의 두 번째 핵심은 적극적인 경청이다. 경청이란 단순히 태도뿐만이 아니라 상대방의 말을 정확히 이해하는 것을 의미한다. 타인의 이야기에 몰두하여 듣다 보면 끼어들고 싶은 순간이나 그렇지 않다고 설명하고 싶은 순간이 온다. 참자. 예능에서만 리액션이 중요한 것이 아니라 경청에서도 중요하다. 맞장구와 추임새를 적절하게 넣어 준다면 상대방의 마음이 움직인다. 예를 들어 간혹 "선생님 기분 나쁘라고 하는 말은 아니지만요" 하면서 기분 나쁜 말을 하는 학부모가 있다면 불편한 표정을 짓지 않는 것이 좋다. 학부모가 이야기가 끝나면 자연스럽게 내용을 확인하는 질문을 하는 것도 좋은 경청의 방법이다. "어머님이 지우가 유치원에서도 집에서처럼 떼를 쓸까 봐 그 부분이 많이 걱정이 되시는 거죠?" 하고 말이다. 처음부터 끝까지 정성 들여 듣는 것이 중요하다. 그러나 대화의 흐름을 읽어내고 주도하는 것은 화자가 되어야 한다. 무작정 듣고 있는 것이 아니라 확인하는 질문들을 종종 던져서 대화에 적극적으로 참여하고 있다는 것을 보여준다.

③ 그림을 그리듯이 자세히 이야기하자!

무엇인가에 대해 이야기를 할 때는 자세히 이야기하는 것이 효과적이다. 맥락적인 상황이 아닌 탈맥락적인 상황에 대한 의사전달에서는 그 상황의 분위기, 사건, 개인적 느낌을 함께 포함해야 청자로 하여금 맥락적인 상황이 될 수 있게 된다. 맛을 표현할 때 그냥 "맛있어요!"라고 말하는 것보다는 겉으로 보이는 음식의 모습부터 말하기 시작해서 입에 들어갔을 때 어떤 맛이 나는지, 개인적으로 어떤 기분이었는지를 표현해야 그 음식을 먹고 싶다는 생각이 들고 풍미까지 느껴지게 된다. 예를 들어 교실에서 있었던 특별한 일을 이야기할 때는 구체적인 에피소드를 중심으로 자세히 이야기하는 것이 훨씬 더 효과적이다. "민규는 사회성이 높은 편입니다"보다는 "며칠 전에 민규를 보고 제가 감동받았어요. 민규가 손을 씻으려고 줄을 서 있는데 다영이가 손에 물감을 잔뜩 묻혀서 세면대로 오니까 '너 먼저 씻어'라고 하면서 양보해줬어요. 정말 놀랐어요. 민규가 이렇게 친구들하고도 잘 지낸답니다"라는, 상황이 보이는 것 같은 에피소드가 훨씬 더 전달력이 강하다. 이 말에서 조금 더 전략을 보태보자면, 첫 번째 문장을 조금 극적으로 표현하는 것이 효과적이다. 귀를 사로잡는 첫 문장으로 말을 시작해서 구체적인 상황, 개인적 느낌을 표현하는 것이 중요하다.

④ 긍정적인 어휘를 선택하자!

화자가 사용하는 어휘의 성향이나 색깔은 청자로 하여금 화자의 성격이나 생각을 파악하게 한다. 잘못된 어휘가 아니더라도 부정적인 느낌을 주는 어휘를 사용하면 청자는 묘한 반발 심리를 갖게 된다. 교사들이 사용하는 "산만해요"라는 말은 부정적인 느낌을 준다. 이것을 "호기심이 많아요"라든지 "탐색 욕구가 높아요"라고 표현한다면 긍정적인 느낌을 줄 수 있는 것이다. 누군가가 나에게 "내가 너를 비난하려는 것은 아닌데", "내가 잘했다는 건 아니야, 하지만…" 이런 방식으로 말을 할 때 어떤 기분이 드는가? '아, 이 사람이 나를 비난하려는 게 아니구나', '그래, 본인이 잘했다는 건 아니구나'라는 생각이 드는 게 아니라 '뭐야, 날 비난하잖아' 혹은 '잘난 척 하고 있네'라는 생각에 더 가까울 것이다. 누구에게 말을 하든지 스스로 선택한 단어에 책임을 져야 한다. 의도적으로 부정적인 어휘가 아닌 긍정적인 어휘를 사용하도록 노력한다면 훨씬 더 의사소통이 원활해질 것이다.

예를 들어 부모들에게 아이들의 단점을 지적할 때는 그 '문제'를 지적하지 말고 그러한 문제가 발생되는 '상황'에 집중하는 것이 필요하다. "민규는 좀 산만한 편이에요. 심한 건 아니구요. 조금 산만해요" 가급적 '산만하다'라는 표현은 자제하고 '주변에 일어나는 일에 관심이 많다'라고 표현해보자. 그리고 실제로 그렇게 아이를 바라본다면 학부모와의 상담이 좀 더 쉽게 풀릴 수 있다. "민규는 조금 공격적인 편이에요"보다는 "민규는 자신의 몸을 만지거나 부딪치는 갈등상황을 좋아하지 않아요. 그래서 이런 상황에서 손으로 이야기하는 경우가 있어요"라는 표현이 적절하다. 이렇게 상황 중심으로 긍정적인 어휘를 사용하면 자연스럽게 해결방안이 함께 제시될 수 있다.

생각주머니 열기

나의 주변 사람 5명에게 자신의 의사소통 방법에 대해 물어보세요. 5명의 이야기를 듣고 자신의 의사소통 방법에서 나타나는 특징을 찾아보세요.

CHAPTER 08

리더의 필수조건 2: 자기조절력과 회복탄력성

개요

리더에게 필요한 자질은 스스로를 통제하는 힘인 자기조절력과 스트레스를 이겨내는 회복탄력성이다. 자기조절력과 회복탄력성은 리더가 팔로어와 함께 목표를 향해 갈 수 있는 큰 동력이 되며 스트레스 상황에 처했을 때, 이에 대해 적절히 대처할 수 있도록 해준다. 리더의 자기조절력과 회복탄력성은 팔로어에게 전이될 수 있으며 조직 내의 장악력과 관계가 깊다. 본 장에서는 자기조절과 회복탄력성에 대해 이해하고 이와 관련된 그릿의 개념을 함께 살펴볼 것이다. 이에 대한 이해를 바탕으로 개인의 자기조절, 회복탄력성, 그릿의 수준을 점검하고 이를 증진시키기 위한 개인적 차원의 전략을 고안할 수 있을 것이다.

목표

- 자기조절의 개념과 특성에 대해 알 수 있다.
- 회복탄력성의 개념과 구성요소에 대해 이해할 수 있다.
- 자신의 회복탄력성 지수를 평가하여 자신의 강점과 약점을 파악할 수 있다.

주요 용어

자기조절
자기통제
회복탄력성
그릿

1. 자기조절력의 이해

리더는 집단 구성원들이 목표를 향해 지속적으로 나아가도록 하는 사람이다. 그렇게 하기 위해 지속적으로 자신의 행동을 스스로 분석하고 반성하여 다음의 행동에 반영하여 행동을 수정하는 능력을 가지고 있어야 한다. 이것이 바로 자기조절력이다.

(1) 자기조절력의 개념

자기조절력은 최적의 목표에 도달하기 위해 현재의 마음이나 행동을 계획, 실행, 점검하며 세부적 목표에서 포괄적 목표까지 지속적으로 행동을 조정하는 능력을 의미한다(김영신, 2015). 자기조절력의 개념에서 나타나는 것처럼 자신을 조절하기 위해서는 우선 목표가 있어야 하고, 이 목표를 달성하고자 하는 의지를 가지고 자신의 신체뿐만 아니라 마음까지 통제할 수 있어야 한다. 개인적 차원에서 자기조절력은 목표 달성을 위해 스스로를 분석하고 행동을 조절할 수 있도록 해준다. 또한 사회적 차원에서는 집단 구성원으로서, 집단의 목표를 위해 자신의 마음과 행동을 조절하여 사회에 성공적으로 적응할 수 있게 도와주는 능력이다.

자기조절력을 이해하기 위해 '조절(regulation)'이라는 용어를 살펴보면, '조절'은 내부의 정서나 외부자극에 대한 반응을 조정하는 능력을 의미한다. 루소는 인간을 자연의 일부로 보고 자연 내부에는 균형을 유지하는 내부 원리가 있다고 주장하였다. 인간은 자신을 둘러싼 환경에 적응하기 위해, 혹은 자신의 생체 리듬을 유지하게 위해 지속적인 자기조절력을 필요로 한다(Granic, 2002). 이러한 관점에서 자연의 일정한 상태를 유지하려는 항상성이 자기조절력이며 이는 적응과 생존에 있어서 필수적인 요소라고 볼 수 있다. 또한, 자기조절력은 개체와 개체가 만났을 때 서로 연결되어 잘 적응될 수 있도록 하는 능력으로, 사회적인 적응과 생존에도 영향을 미친다. 즉, 자기조절력은 한 개인에게 최적의 가치를 추구하는 상태라고 볼 수 있다(Carver & Scheier, 2013).

'자기조절'은 '자기통제'라는 용어와 같거나, 유사한 개념으로 다루어진다. 최근의 연구에서 '자기조절'은 인지과정의 활성화를 요하는 정도에 따라 자기조절은 자기통제보다 더 큰 개념으로 정리되었다(손복영, 2011). 자기조절은 단순히 정서와 신체를 일정하게 조절하는, 통제적 의미뿐만 아니라 내적인 노력을 포함한 반성적 사고과정을 중요하게 여긴다(양옥승, 1993). 이러한 측면에서 자기조절은 자기통제보다 확장된 개념이라고 볼 수 있다.

자기조절력의 개념에는 '통제(control)', '점검(monitor)', '순응(compliance)'의 개념이 들어 있다(김영신, 2015).

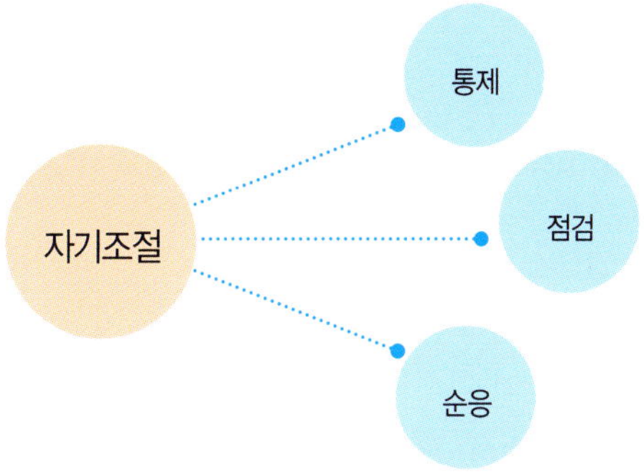

그림 8-1 자기조절의 개념

① 통제(control)

통제는 '내부통제'와 '외부통제'로 나누어진다. '내부통제'는 인간 내면에 있는 균형을 유지하고자 하는 나름의 내부규칙을 의미한다. 인간은 자신을 스스로 조절할 수 있는 능력을 가지고 있고, 이러한 능력은 행동을 전환하게 한다. '외부통제'는 인간으로 하여금 목표를 달성하기 위해 억제하거나 사회에서 만들어진 규칙이나 약속을 지키려는 조절행동으로 볼 수 있다.

② 점검(monitor)

점검은 지금 현재에 실행하고 있는 행동을 점검해보고 그 행동을 기본으로 새로운 처치를 더할 수 있는 조정행위이다. 자기조절력의 실행과정을 살펴보면 개인이 자신의 현재 상태와 욕구 상태를 비교하는 점검의 과정이고 현재 상태와 욕구 상태 사이의 불일치를 줄이려는 작동의 과정이다(Koole, 2013).

사람들은 자신이 하고 싶은 욕구상태를 스스로 파악하여 지금의 상태를 변화시키려고 한다. 자신이 원하는 목표에 도달하기 위해서는 어떤 마음을 가져야 하고, 어떤 행동을 해야 하는지를 파악하고, 방해하는 요소들을 찾아내어 인지적 갈등상태를 해결하려는 노력을 한다. 그러한 맥락에서 자기조절력은 점검의 의미를 갖고 있다.

③ 순응(compliance)

순응은 외부와의 약속과 규칙을 따르며, 타인의 지시나 요구에 응하는 능력이다. 점검이 개인적인 차원이라면 순응은 사회적 차원의 개념이다. 사회관계 속에서 적응과 생존을 위해서는 약속과 규칙, 규율을 따라야 한다. 이러한 타인의 요구에 응하는 행동을 순응이라고 할 수 있다.

(2) 자기조절력의 특성

① 자기조절의 순환회로(feedback loops)

자기조절의 순환회로는 최종의 목표를 달성하기 위해 세부적 목표에서 산출된 결과를 다시 출발점에 반영하여 재투입시키는 현상으로 이러한 순환이 계속 반복되면서 자기조절 시스템이 구축된다(김영신, 2015).

인간은 자신의 목표에 도달하기 위해서 순환회로를 통한 조절과정을 겪게 되며 이러한 순환회로에 따라 행동변화를 위해 노력하게 되는데 이 과정에서 자기조절력을 형성하게 된다. 이러한 과정은 다음의 그림과 같다(Carver & Scheier, 1990).

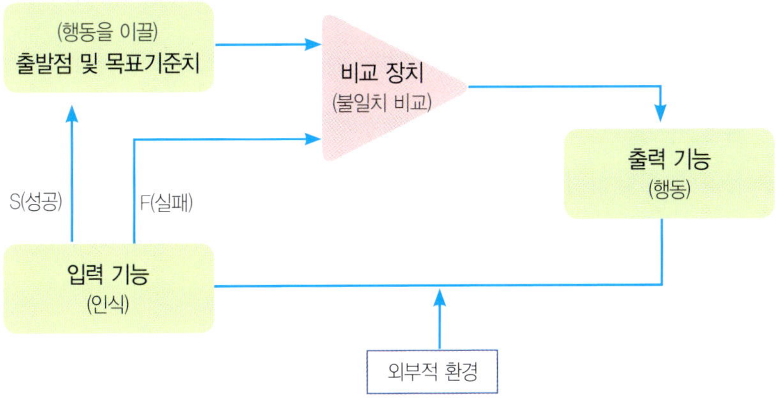

:: 그림 8-2 자기조절의 순환회로

출처: Cover & Scheier(1990).

■ 출발점 및 목표기준치

한 학생이 이번 학기에는 좀 더 높은 성적을 받아야겠다고 생각을 하면 이는 자연스럽게 목표에 대한 기준치를 설정하게 되고 행동의 출발점이 된다. 이 학생의 성적 향상에 대한 욕구가 강하면 강할수록 목표설정은 강화된다.

■ 비교장치(불일치 비교)

목표는 비교장치를 통해 현재 상태와 욕구 상태를 비교하게 된다. 이 학생은 현재의 학습상태와 자신이 도달하고자 하는 성적 수준을 비교하여 그에 따른 행동을 이끌어낸다.

■ 출력기능(행동)

현재 상태와 욕구 상태의 차이가 크면 행동의 변화를 이끌어내야 한다고 생각하고 공부의 양을 늘리거나 학습방법을 변화시킬 것이다. 만약 그 차이가 크지 않다면 지금의 학습방법과 양을 그대로 유지하려고 할 것이다. 이때 외부 지원, 즉, 격려와 칭찬과 같은 외부적 환경은 더 나은 목표행동에 도달하게 도와준다.

■ 입력기능(인식)

목표에 도달하기 위해 했던 자신의 행동을 인식하여 이를 평가하게 된다. 목표에 도달하기 위해 공부의 양을 늘리기로 계획한 것이 실제로 실행되었다면 또 다른 목표를 설정하게 된다. 만약 실제로 실행되지 않았다면 다시 비교장치로 돌아가서 다른 행동전략을 만들거나 다시 시도해볼 것이다. 이러한 과정을 통해 자기조절력이 형성되게 된다.

② 제한적 심리적 에너지

한 사람이 자신의 목표달성을 하기 위해서는 자신의 감정, 행동을 조절하고 반성하는 과정을 거친다. 이 과정에서 심리적인 에너지를 쓰게 되는데 이 심리적인 에너지의 양은 제한적일 수밖에 없다(Muraven

& Baumeister, 2000). 사람들이 부정적인 정서상태를 견뎌낼 때 이를 조절하기 위해서는 상당한 에너지를 쓰게 되며 견뎌야 하는 것이 너무 많아지면 조절에 실패하게 된다.

자기조절력은 일종의 근력과 같다. 자신의 근육 수준에서 들어 올릴 수 있는 무게가 정해져 있는 것처럼 자기를 조절하는 것도 할 수 있는 한계가 있다. 자기조절력은 원하면 실행되는 능력이 아니라 한정된 자원의 에너지이다. 근육을 강화하기 위해 운동하는 것처럼 자기조절력을 높이기 위해서는 일상 속에서 작은 목표 수준에 도달하는 경험을 통해 자기조절력을 강화하는 것이 필요하다.

③ 습관형성의 키워드

자기조절력은 습관을 형성하는 매우 중요한 요인이다. 사람들은 매일 수많은 일을 하고 새로운 문제에 당면하게 되는데 이때 자신의 행동을 결정해야 하는 선택의 기로에 선다. 어떤 상황에서는 지금까지 해왔던 것처럼 계속 하는 것이 타당하다고 결정하기도 하고, 어떤 상황에서는 조금 달라져야 한다고 결정하기도 한다.

지금까지 가지고 있었던 나쁜 습관을 바꾸기 위해서는 자기조절력이 필요하다. 자꾸 지각하는 습관을 바꾸고 싶다는 목표를 세우면 일찍 일어나서 미리 준비하는 새로운 습관을 형성해야 한다. 이 때 더 자고 싶은 마음을 억누르고, 행동을 빠르게 하는 자기조절의 과정이 필요하다. 습관형성의 초기에는 특히 자기조절력이 많이 요구되며 지속단계로 접어들면 초기보다는 낮은 수준의 자기조절력이 요구된다. 새로운 습관을 형성하고자 할 때 마음의 근력인 자기조절력이 집중될 수 있도록 관리한다면 습관의 지속은 쉽게 이루어질 수 있을 것이다.

(3) 자기조절력의 구성요인

자기조절력의 핵심적인 요인은 억제 및 통제, 만족지연 및 유혹저항과 인내, 순응, 주의력 통제, 충동성으로 볼 수 있다(김영신, 2015).

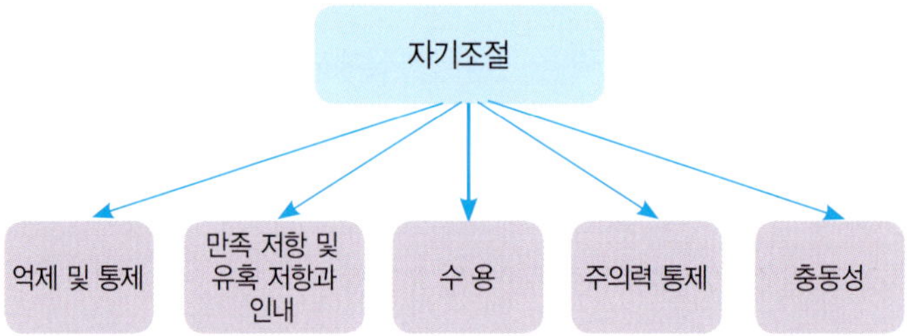

그림 8-3 자기조절력의 구성요인

억제 및 통제란 외부상황이 자극이나 반응에 대해 자제하는 능력으로 자신의 욕구와 반대되는 행동을 해야 할 때 부적절한 반응을 억제하고 그 행동을 하게 하는 것이다.

만족지연 및 유혹저항과 인내는 목표를 달성하기 위해 현재의 욕구나 어려움을 참아내며 기다리는 능력을 말한다.

순응은 자신의 행동을 변화시키며 타인의 지시나 요구에 부응하는 능력이며 주의력 통제는 과제에 방해되는 요인을 제거하고 과제에 집중하는 능력 또는 필요에 따라서 주의력을 전환하는 능력을 의미한다.

충동성은 외부의 자극이나 내면의 욕구에 대해 반응이 시작되는 속도를 말한다. 목표에 도달하기 위해 기다리지 못하고 욕구에 즉각적으로 반응하는 행동이라고 볼 수 있다.

2. 회복탄력성의 이해

(1) 회복탄력성의 개념

사회과학분야에서 'resilience'라는 용어를 처음 사용한 사람은 미국의 심리학자 베르너(Werner, 1982)이다. 그는 종단연구를 통해 고난과 역경 속에 있는 사람들이 시련을 뛰어넘어 우수한 사회적응력을 보인 것을 발견하였고, 이러한 사람들의 속성을 일컬어 회복탄력성이라고 불렀다. 그 후 정신발달 전문가, 아동발달 연구자, 심리학자 등 다양한 분야의 전문가들이 역경과 스트레스에도 불구하고 긍정적인 발달을 보이는 사람들에게 관심을 가지면서 회복탄력성에 대한 연구가 활발해졌다(이가경, 2018).

베르너(Werner, 1982)는 회복탄력성을 위험 상황이나 심각한 역경과 충격적인 경험을 하였음에도 불구하고 잘 적응하면서 건강하게 발달하는 성장의 힘이며, 불행이나 충격으로부터 급속히 회복하여 성공적으로 적응하는 것이라고 정의하였다.

회복탄력성은 심리학뿐만 아니라 경제학, 물리학, 사회학, 정신의학 등 다양한 학문분야에서 사용되는 용어이며 회복탄력성의 구성요인이 명확한 몇 가지 요인이 아니라 다양한 요인들의 역동적 상호작용 속에서 다차원적으로 일어나는 것이다. 즉, 회복탄력성은 그 개념과 정의를 하나로 단정 지을 수 없는 특수한 성격을 가진 것으로, 인간의 긍정적인 능력을 총체적으로 다룬 다차원적 개념이라고 할 수 있다(이가경, 2018).

(2) 회복탄력성의 형성

회복탄력성은 선천적인 것인가 아니면 후천적인 것인가? 첫째, 회복탄력성을 개인의 고유한 특질이라고 보는 입장에서는 이는 타고난 성격이며 고정되고 변화하지 않는 것으로 본다. 이러한 입장에서는 회복탄력성은 자아통제와 관련되어 있다고 본다. 회복탄력성은 충동을 표출하거나 자아탄력성은 상황의 요구에 따라 이러한 자아통제를 강화하거나 완화시키는 메타적인 능력을 의미한다고 보았다(홍은숙, 2006). 둘째, 회복탄력성을 후천적으로 발달하는 것으로 보는 입장에서는 회복탄력성을 고정적이고 불변하는 개인의 성격이라는 의견에 반박한다. 이 관점에서는 회복탄력성은 개인과 가족, 사회공동체, 사회시스템과 같은 환경 사이의 상호작용을 통해 생겨나는 적응과정이라고 본다(한선영, 2015). 개인의 회복탄력성을 형성하기 위해서는 환경적 요소와 전후 맥락적인 요소들이 중요한 역할을 하며 역동적인 과정을 통해 변화한다고 본다(Luthar, 2000).

회복탄력성에 대한 최근 연구에서는 회복탄력성을 발전하는 과정으로 보는 추세이다. 즉, 회복탄력성은 처음부터 존재하는 절대적인 것이 아니라 개인과 환경과의 역동적인 상호작용을 통해 발달 과정에서 점진적으로 형성되는 변화 가능한 것으로 보고 있다(한선영, 2015).

(3) 회복탄력성의 구성요소

회복탄력성은 복합적이고 포괄적인 개념이어서 구성요인에 대한 연구도 연구자에 따라 다양한 의견이 나온다. 김주환(2011)은 한국형 회복탄력성 지수 척도를 개발하여 회복탄력성의 구성요소를 자기조절 능력, 대인관계 능력, 긍정성으로 보았다.

① 자기조절능력

자기조절능력은 어려운 상황이 닥쳤을 때 스스로의 부정적인 감정을 통제하고 긍정적 감정과 건강한 도전의식을 불러일으키며, 기분에 휩쓸리는 충동적 반응을 억제하고, 자신이 처한 상황을 객관적이고 정확하게 파악해서 대처 방안을 찾아내는 것을 의미한다.

■ 감정조절력

감정조절력이란 스스로의 부정적인 감정을 통제하고 긍정적 감정과 건강한 도전의식을 불러일으키는 능력이다. 이는 부정적인 감정을 억누르는 것만을 의미하는 것이 아니라 필요할 때면 긍정적인 감정을 불러일으켜 신나고 재미있게 일할 수 있는 능력도 의미한다. 따라서 회복탄력성이 높은 사람은 스트레스가 높은 상황에서도 평온함을 유지할 수 있고, 자신의 감정과 주의력, 행동을 통제할 수 있다.

■ 충동통제력

충동통제력은 기분에 휩쓸리는 충동적 반응을 억제하고 자신의 동기를 스스로 부여하고 조절할 수 있는 능력이다. 고통을 참기보다는 고통을 즐기고 이 과정을 승화시키는 마음의 힘이라는 점에서 단순히 인내력이나 참을성과는 구별할 수 있다.

■ 원인분석력

원인분석력은 자신이 처한 상황을 객관적이라고 정확하게 파악해서 대처 방안을 찾아내는 능력이다. 지나치게 비관적으로 받아들이면서 좌절하거나 지나치게 낙관적으로 바라보다가 제대로 대처하지 못하는 것은 모두 원인분석력이 부족한 것이다.

② 대인관계능력

회복탄력성이 높은 사람들은 뛰어난 사회성을 지닌 경우가 많다. 회복탄력성이 높은 사람들이 역경을 이겨내는 것은 꼭 개인의 내부 자원뿐 아니라 사회적 지지와 도움이 가능하기 때문일 수도 있다. 이러한 도움은 단순히 '운이 좋아서'가 아니라 자신이 갖고 있는 내부 자원 중 주변사람들과 관계를 잘 맺는 능력이 사회적 지지망을 확보해 주기 때문이다.

■ 소통능력

관계는 소통에 의해서 형성·유지된다. 그렇기 때문에 소통능력이란 인간관계를 진지하게 맺고 오래도록 유지하는 능력이라고 할 수 있다.

■ 공감능력

회복탄력성에 대해 연구하는 학자들은 공통적으로 공감능력을 회복탄력성의 구성요인으로 포함하였다. 공감능력은 다른 사람의 심리나 정서 상태에 대한 신호를 포착하며 타인이 어떤 감정을 느끼는지 감지해내는 능력이다.

■ 자아확장력

자아확장력이란 자기 자신이 다른 사람과 연결되어 있다고 느끼는 정도이다. 자아확장력이 높은 사람은 자아 개념 속에 타인과의 관계에 대한 전제가 깊게 내재되어 있다. 즉, 자기 자신에 대해 생각할 때 이미 타인과의 관계 속에서 자신을 이해하는 것이다.

③ 긍정성

회복력 지수가 높은 사람들은 낙관적이다. 미래가 비교적 밝다고 여기는 태도, 좋은 일이 일어날 것이라는 긍정적인 기대라고 볼 수 있다.

■ 자아낙관성

실패를 경험하거나 역경에 처했을 때 낙관적인 사람들은 파괴적인 생각이나 말대신 긍정적이고 희망적인 자세를 가지고 현실을 극복해 나간다(Seligman, 2002). 자신이 갖고 있는 문제나 상처를 이해하기 위해 의도적으로 긍정적인 사고를 하는 것을 의미한다. 그러나 심각한 문제 상황에서도 비현실적인 낙관성을 보이는 것은 자아낙관성이 아니다. 이는 원인분석력과도 관련이 있으며 제대로 원인을 분석하고 이에 대해 낙관적 태도를 갖는 것이 자아낙관성이다.

■ 생활만족도

생활만족도란 개인이 자신의 삶의 질을 판단하는 과정이며 만족도를 판단하는 기준은 개인이 설정하는 의식적이고 인지적인 것이다(Seligman, 2002). 이는 자신이 원하는 이상적인 삶의 모습과 현재의 삶이 얼마나 근접한지를 판단하는 주관적인 감정에 가깝다.

■ 감사하기

감사하기는 회복탄력성이 높은 사람들이 가진 구성요인이기도 하지만 회복탄력성을 높이기 위한 방법의 하나이기도 하다(김주환, 2011). 감사하기는 뇌를 긍정적으로 변화시키면서 회복탄력성을 높여주기 때문이다.

(4) 회복탄력성의 향상 방법

회복탄력성을 높이기 위해서는 긍정적인 뇌를 만드는 것이 핵심이다. 긍정 심리학은 다음 장에서 더욱 구체적으로 살펴볼 것이므로 본 장에서는 회복탄력성을 높이는 방법을 간단히 다룬다.

① 긍정적인 뇌 만들기

행복은 긍정적 정서를 통해 자신을 자기가 원하는 방향으로 끌어갈 수 있는 능력이며, 타인에게 행복을 나눠줌으로써 원만한 인간관계와 성공적인 삶을 일구어 내는 능력이다. 스스로 행복하고 남을 행복하게 해줄 수 있는 긍정적 정서의 소유자가 강한 회복탄력성을 가질 수 있다(김주환, 2011).

② 자신의 강점 찾기

자신에 대해 긍정적으로 생각하고, 긍정적인 정서를 불러일으키기 위해서는 자신의 강점이 무엇인지 잘 알아야 한다. 자신이 잘할 수 있는 일을 통해 즐거움과 성취감을 느껴야 긍정적인 정서를 유지할 수 있다. 못하는 것에 집중하지 말고 자신이 잘하는 것에 집중해야 한다. 고유한 강점을 찾고 이를 일상에서 꾸준히 수행해야 한다.

③ 감사하기

감사하기는 긍정성 향상에서 가장 강력하고 지속적인 효과를 나타낸다. 심지어는 '감사심리학'이라는 새로운 연구분야가 생길 만큼 긍정성에 큰 영향을 준다. 감사하기 훈련이란 꾸준히 감사함을 기록하는 것이다. 감사일기를 적으며 자연스럽게 긍정의 회로를 만들어갈 수 있을 것이다.

④ 꾸준한 운동하기

몸을 움직이면 뇌가 건강해진다. 스트레스를 감소시키고, 사고능력을 증진시키며 중독의 가능성을 크게 줄인다. 우울증과 신경과민 치료에서도 운동은 중요한 역할을 한다.

다음에서 자신의 회복탄력성 지수(김주환, 2011)를 측정해보자.

■ 회복탄력성 test

다음의 내용을 읽고 1~5점까지의 점수를 기록하세요.

❖ 표 8-1 나의 회복탄력성 지수 측성하기

		번호	내용	점수
자기조절능력	감정조절력	1	나는 어려운 일이 닥쳤을 때 감정을 통제할 수 있다.	
		2	내가 무슨 생각을 하면, 그 생각이 내 기분에 어떤 영향을 미칠지 잘 알아챈다.	
		3	이슈가 되는 문제를 가족이나 친구들과 토론할 때 내 감정을 잘 통제할 수 있다.	
		4★	집중해야 할 중요한 일이 생기면 신바람이 나기보다는 더 스트레스를 받는 편이다.	
		5★	나는 내 감정에 잘 휘말린다.	
		6★	때때로 내 감정적인 문제 때문에 학교나 집에서 공부하거나 일할 때 집중하기 힘들다.	
	충동통제력	7	당장 해야 할 일이 있으면 나는 어떠한 유혹이나 방해도 잘 이겨내고 할 일을 한다.	
		8	아무리 당황하고 어려운 상황이 닥쳐도, 나는 내가 어떤 생각을 하고 있는지 스스로 잘 안다.	
		9	누군가가 나에게 화를 낼 경우 나는 우선 그 사람의 의견을 잘 듣는다.	
		10	일이 생각대로 잘 안 풀리면 쉽게 포기하는 편이다.	
		11★	평소 경제적인 소비나 지출 규모에 대해 별다른 계획 없이 지낸다.	
		12★	미리 계획을 세우기보다는 즉흥적으로 일을 처리하는 편이다.	
	원인분석력	13	문제가 생기면 여러 가지 가능한 해결 방안에 대해 먼저 생각한 후에 해결 하려고 노력한다.	
		14	어려운 일이 생기면 그 원인이 무엇인지 신중하게 생각한 후에 그 문제를 해결하려고 노력한다.	
		15	나는 대부분의 상황에서 문제의 원인을 잘 알고 있다고 믿는다.	
		16★	나는 사건이나 상황을 잘 파악하지 못한다는 이야기를 종종 듣는다.	
		17★	문제가 생기면 나는 성급하게 결론을 내린다는 이야기를 종종 듣는다.	
		18★	어려운 일이 생기면, 그 원인을 완전히 이해하지 못했다 하더라도 일단 빨리 해결하는 것이 좋다고 생각한다.	

		번호	내용	점수
대인관계능력	소통능력	19	나는 분위기나 대화 상대에 따라 대화를 잘 이끌어 갈 수 있다.	
		20	나는 재치 있는 농담을 잘한다.	
		21	나는 내가 표현하고자 하는 바에 대한 적절한 문구나 단어를 잘 찾아낸다.	
		22★	나는 윗사람과 대화하는 것이 부담스럽다.	
		23★	나는 대화 중에 다른 생각을 하느라 대화 내용을 놓칠 때가 종종 있다.	
		24★	나는 대화를 할 때 하고 싶은 말을 다하지 못 하고 주저할 때가 종종 있다.	
	공감능력	25	사람들의 얼굴표정을 보면 어떤 감정인지 알 수 있다.	
		26	슬퍼하거나 화를 내거나 당황하는 사람을 보면 그들이 어떤 생각을 하는지 잘 알 수 있다.	
		27	동료가 화를 낼 경우 나는 그 이유를 꽤 잘 아는 편이다.	
		28★	나는 사람들의 행동방식을 때로 이해하기 힘들다.	
		29★	친한 친구나 애인 혹은 배우자로부터 "당신은 나를 이해 못해"라는 말을 종종 듣는다.	
		30★	동료와 친구들은 내가 자기 말을 잘 듣지 않는다고 한다.	
	자아확장력	31	나는 내 주변 사람들로부터 사랑과 관심을 받고 있다.	
		32	나는 내 친구들을 정말로 좋아한다.	
		33	내 주변 사람들은 내 기분을 잘 이해한다.	
		34★	서로 도움을 주고받는 친구가 별로 없는 편이다.	
		35★	나와 정기적으로 만나는 사람들은 대부분 나를 싫어하게 된다.	
		36★	서로 마음을 터놓고 얘기할 수 있는 친구가 거의 없다.	

		번호	내용	점수
긍정성	자아낙관성	37	열심히 일하면 언제나 보답이 있으리라고 생각한다.	
		38	맞든 아니든, "아무리 어려운 문제라도 나는 해결할 수 있다"고 일단 믿는 것이 좋다고 생각한다.	
		39	어려운 상황이 닥쳐도 나는 모든 일이 다 잘 해결될 거라고 확신한다.	
		40★	어떤 일을 마치면 주변 사람들이 부정적인 평가를 할까 봐 걱정한다.	
		41★	나에게 일어나는 대부분의 문제들은 나로서는 어쩔 수 없는 상황에 의해 발생한다고 믿는다.	
		42★	누가 나의 미래에 대해 물어보면, 성공한 나의 모습을 상상하기 힘들다.	
	생활만족도	43	내 삶은 내가 생각하는 이상적인 삶에 가깝다.	
		44	내 인생의 여러 가지 조건들은 만족스럽다.	
		45	나는 내 삶에 만족한다.	
		46	나는 내 삶에서 중요하다고 생각한 것들은 다 갖고 있다.	
		47	나는 다시 태어나도 나의 현재 삶을 다시 살고 싶다.	
	감사하기	48	나는 다양한 종류의 많은 사람들에게 고마움을 느낀다.	
		49	내가 고맙게 여기는 것들을 모두 적는다면, 아주 긴 목록이 될 것이다.	
		50	나이가 들어갈수록 내 삶의 일부가 된 사람, 사건, 생활에 감사하는 마음이 더 커져간다.	
		51★	나는 감사해야 할 것이 별로 없다.	
		52★	세상을 둘러볼 때, 내가 고마워할 것이 별로 없다. 감사해야 할 것이 별로 없다.	
		53★	사람이나 일에 대한 고마움을 한참 시간이 지난 후에야 겨우 느낀다.	

[채점 및 점수해석 방법]

★표가 있는 문항은 6에서 자신의 점수를 뺀 것을 점수로 계산한다.
예) 1이라고 적었으면 5점, 3은 3점, 5는 1점.

▣ 나의 자기조절능력은 [　　　　] 점
- 우리나라 성인의 평균 점수는 63.5
- 63점 이하이면 노력이 필요 / 55점 이하이면 반드시 노력 필요
- 70점 이상이면 별 문제 없음 / 75점 이상이면 상위 7% 이내

▣ 나의 대인관계능력은 [　　　　] 점
- 우리나라 성인의 평균점수는 67.8
- 67점 이하이면 노력 필요 / 62점 이하이면 반드시 노력 필요
- 74점 이상이면 별 문제 없음 / 80점 이상이면 상위 6% 이내

▣ 나의 긍정성은 [　　　　] 점
- 우리나라 성인의 평균점수는 63.4
- 63점 이하이면 노력 필요 / 56점 이하이면 반드시 노력 필요
- 70점 이상이면 별 문제 없음 / 75점 이상이면 상위 6% 이내

▣ 나의 회복탄력성 지수는 [　　　　] 점
- 우리나라 성인의 평균점수는 195점
- 190점 이하이면 노력 필요 / 180점 이하면 나약한 존재 / 170점 이하면 유리 같은 존재
- 200점 이상이면 안심, 212점 정도 상위 20%, 220점 이상 회복탄력성이 높은 사람

출처: 김주환(2011). 회복탄력성. 서울: 위즈덤하우스.

참고자료

그릿(Grit)

앤젤라더크워스 지음
김미정 옮김
비즈니스북스(2019)

당신에게는 그릿이 있는가?
분야에 상관없이 성공한 사람들은 두 가지 특징을 나타냈다. 첫째, 그들은 대단히 회복력이 강하고 근면했다. 둘째, 자신이 원하는 바가 무엇인지 매우 깊이 이해하고 있었다. 그들은 결단력이 있을 뿐 아니라 나아갈 방향도 알고 있었다. 성공한 사람들이 가진 특별한 점은 열정과 결합된 끈기였다. 한 마디로 그들에게는 그릿(grit)이 있었다.

그릿은 지속적인 노력과 집중된 관심을 나타내는 인내와 열정으로 장기목표를 추구하려는 성향이다. 끝까지 해내는 인내, 열정, 목표가 담겨 있다.

1940년 하버드대학교 연구자들은 '건강한 청년의 특성'을 알아냄으로써 '사람들이 보다 행복하고 성공적인 삶을 살도록 돕겠다는' 연구 목표를 구상하고, 하버드대학교 2학년생 130명에게 최대 5분 동안 러닝머신에서 뛰라고 요청했다. 러닝머신의 경사를 높이고 속도를 최대로 설정해서 학생들은 보통 4분밖에 버틸 수 없었다. 겨우 1분 30초를 버틴 이들도 있었다. 이 러닝머신 실험은 학생들이 신체적뿐 아니라 정신적으로도 지치게 고안됐다. 연구자들은 학생들의 기준 체력보다 힘들게 러닝머신을 설정함으로써 '지구력과 의지력'을 측정해냈다.

그로부터 수십 년이 지난 후 조지 베일런트라는 정신과 의사가 러닝머신 실험에 참가했던 이들을 추적 조사했다. 이제 60대가 된 피험자들은 수입, 승진, 병가, 사회 활동, 자기보고 방식으로 측정한 직장과 가정에서의 만족도, 정신과 치료 경력, 신경안정제 같은 감정 조절 약물 사용 경력까지 조사한 결과 20세에 러닝머신에서 달린 시간은 성인기의 심리적 적응을 예측해주는 신뢰할 만한 변인으로 밝혀졌다.

출처: Duckworth, A.(2019). 그릿(GRIT). 서울: 비즈니스북스.

생각주머니 열기

나의 회복탄력성 지수를 평가하여 강점과 약점을 분석해보세요.

CHAPTER 09

리더의 필수조건 3: 긍정정서

개요

리더에게 필요한 세 번째 자질은 긍정정서이다. 리더는 자신의 행복감과 안녕감을 추구하며 이를 바탕으로 집단의 행복감을 증진시켜야 한다. 리더는 부정적인 정서에 빠지지 않고 구성원들의 강점에 집중하여 구성원의 행복과 자기실현을 지원해야 한다. 이를 통해 리더를 포함한 집단 구성원 모두가 행복감을 느끼게 되고, 이는 조직만족도, 몰입도뿐만 아니라 교사로서의 역할 수행에도 의미 있는 영향을 미치게 된다. 본 장에서는 긍정심리학에 대한 이해와 더불어 긍정정서를 키우기 위한 구체적인 방법에 대해 알아볼 것이다.

목표

- 긍정심리학의 발달과정을 이해할 수 있다.
- 긍정정서의 효과와 행복의 의미를 이해할 수 있다.
- 자신의 긍정정서를 향상시키기 위한 다양한 전략을 알고 적용할 수 있다.

주요 용어

긍정심리학
긍정정서
행복
감사
낙관성
만족

1. 긍정심리학

긍정심리학은 삶의 긍정적인 가치를 부각하여 진정으로 행복하고 충만한 삶을 사는 데에 집중하는 심리학의 영역이다. 긍정정서를 알아보기 위해 긍정심리학의 발달과 목표에 대해 알아본다.

(1) 긍정심리학의 발달

심리학은 주로 인간이 갖고 있는 부정적인 문제와 선천적인 취약성에 집중하여 정신병리에 대한 원인과 치료에 집중해왔다. 심리적 치료가 삶을 불행하게 하는 여러 심리상태를 완화하는 데 치중하다 보니 삶의 긍정 가치를 부각시키려는 노력은 소원할 수밖에 없었다. 셀리그만(Seligman)은 1998년 '심리학이 나아가야 할 새로운 방향과 입장'을 제시하며 인간의 긍정적인 심리적 측면과 미덕, 강점을 과학적으로 연구하는 새로운 관점의 심리학을 제안하였다(Seligman & Csikszentmihalyi, 2000). 마틴 셀리그만은 "손 쓸 도리 없이 망가진 삶은 이제 그만 연구하고 모든 일이 잘될 것 같은 사람에게 초점을 맞춰야 한다"는 신년사를 한 이후, 미하이 칙센트미하이, 레이 파울러 등의 심리학자와 모여 긍정심리학의 기초적인 이론을 만들었고 그 이론을 2000년 〈미국 심리학회지〉와 2002년 저서를 통해 세상에 알렸다. 이후 긍정심리학은 지금까지 활발하게 연구되고 있다(Seligman, 2011).

셀리그만(Seligman, 2002)은 심리학이 삶에서 잘못된 부분을 교정하는 것만큼 최상의 상태를 만드는 일에 관심을 가져야 하고, 문제를 가진 사람들의 고통을 치유하는 것만큼 건강한 사람들의 삶을 충만하게 하는 일에도 노력을 기울여야 한다고 주장한다. 이와 같이 긍정심리학은 탄생에서 죽음까지 그 사이에 일어나는 모든 사건과 경험에 있어서 좋은 삶이 무엇인지에 대해 연구하는 과학적 학문이다. 긍정심리학은 삶을 가치 있게 만드는 것들을 연구문제로 다루고 있으며, 인생에서 삶이 굴곡을 외면하지 않고 좋은 삶이 어떻게 연구되었고 어떻게 좋은 삶이 성취될 수 있는가를 설명하고 있다(Peterson, 2006).

사람들은 누구나 행복하게 살기를 원한다. 행복해지기 위해서는 자신이 해결하기 어려운 문제나 약점을 고민하는 것이 아니라 자신의 강점을 가지고 현재를 의미 있고 충만하게 사는 것이 필요하다. 내가 주어진 상황에서 나는 어떻게 더 행복해질 수 있을까에 집중하는 것은 개인적 행복감뿐만 아니라 집단적 행복감을 높여줄 것이다.

(2) 긍정심리학의 목표: 플로리시(Flourish)

긍정심리학은 인간이 근본적으로 행복과 성장을 추구하는 존재라는 가정에 근거하여 출발한다. 그렇다면 '행복한 삶'이란 무엇을 의미하는가? 행복에 대한 고대 그리스 사상은 쾌락주의(hedonism)와 자아실현주의(eudaimonism)의 두 가지 입장으로 나뉜다. 쾌락주의적 관점은 행복한 삶의 기본적 구성요소로 '유쾌함'을 강조한다. 즉, 즐거움과 만족감을 극대화하고 고통은 최소화함으로써 행복을 성취할 수 있다는 입장이다. 이러한 관점에서 행복이란, 개인이 자신의 삶에 대해 주관적으로 경험하는 마음의 상태이며, 자신이 원하는 것을 얻었을 때의 긍정적 정서를 동반한 인지상태이다(이경민, 2009). 이때의 행복은 개개인이 스스로 선택한 준거에 따라 자신의 삶을 긍정적으로 평가할 때 느끼는 심리상태라고 볼 수 있으므로 '주관적 안녕감'이라는 용어로 설명할 수 있다(이훈구, 1997).

자아실현주의 대표자는 아리스토텔레스로, 행복한 사람이란 바랄 만한 가치를 가지고 있으며 인생에서 가질 만한 가치를 추구하는 사람이라고 보는 입장이다(Compton, 2005). 행복에 대한 이러한 관점에서 '행복'이란, 개인이 가지고 있는 특정한 덕성의 계발과 발달을 통해 자신의 잠재력을 확장하고 타인에게도 선한 영향력을 끼쳐서 삶을 의미 있고, 풍성하게 만드는 것이다. 삶의 질이 높다는 것은 단순히 개인적 행복감이 아니라 사회의 구성원으로서 한 개인이 얼마나 잘 기능하고 있는가 하는 것까지 포함하는 '심리적 안녕감'을 의미한다(Ryff, 1989).

셀리그만(Seligman)은 진정한 행복이론을, 자신의 저서 「*Flourish: Visionary New Understanding of Happiness and Well-being*」(2011)에서 긍정심리학의 새로운 이론인 플로리시(Flourish: 빈성, 행복의 만개)를 위한 웰빙이론으로 발전시켰다. '플로리시를 위한 웰빙이론'은 긍정정서, 몰입, 관계, 의미, 성취의 5가지 핵심요인을 강조한다.

① 긍정정서(positive emotion)

개인이 느끼는 기쁨, 희열, 따뜻함, 자신감, 낙관성을 의미하며 이러한 정서를 지속적으로 이끌어내는 삶을 '즐거운 삶'이라고 부른다. 이는 행복에 대한 쾌락주의적 입장을 담고 있다.

② 몰입(engagement)

개인의 재능과 강점을 표현하고 삶의 목적에 의미를 부여해주는 활동에 대한 적극적인 참여와 타인과의 관계에 중점을 두는 것으로 '몰입하는 삶'이라고 부른다. 이는 자신의 성격강점과 잠재력을 최대한 발휘하는 자기실현주의적 입장을 담고 있다.

③ 관계(relationship)

긍정정서를 타인과 함께 공유하는 것을 의미하며 이러한 삶을 '좋은 삶'이라고 부른다.

④ 의미(meaning)

자아보다 더 중요하다고 믿는 어떤 것에 소속되고, 그곳에 기여하면서 의미와 목적을 추구하는 것을 뜻하며 이를 '의미 있는 삶'이라고 부른다.

⑤ 성취(accomplishment)

플로리시를 위한 중요한 요소로, 사람이 이기기 위해서나 물질 추구만이 아닌 성취, 승리, 정복 그 자체를 좋아하고 추구하는 것을 의미한다. 일시적 상태로는 업적이며 확장된 형태로는 성취가 된다. 이를 '성취하는 삶'이라고 부른다.

플로리시를 리더십의 영역에서 설명하자면, 구성원들이 행복하지 않은 집단은 지속적인 성과를 내기 어렵다는 것이다. 구성원들이 행복해야 집단의 성과를 높이고 집단의 성과가 높아져야 기업이 번성한다. 이는 행복의 선순환구조로 개인, 조직, 사회를 플로리시 시킬 수 있다. 이러한 측면에서 플로리시는 리더에게 개인적 차원뿐만 아니라 사회적 차원으로 확장되어야 하는 중요한 목표가 된다.

2. 긍정정서의 이해

리더가 집단 목표를 달성하는 과정에서 느껴야 하는 중요한 정서는 행복감이다. 리더가 느끼는 행복감은 개인적 차원에 머무르는 것이 아니라 집단 전체에 영향을 주어 집단 구성원들에게 긍정정서를 갖게 한다. 긍정정서는 조직이 경쟁력을 갖기 위한 하나의 자본으로 일컬어질 만큼 중요성이 부각되고 있다. 특히 긍정정서는 구성원들이 조직변화에 대한 냉소주의나 일탈을 감소시키는 효과가 있기 때문에 개인뿐 아니라 조직의 변화를 추진할 때 이를 수용하고 동참하려는 분위기 형성에도 중요한 역할을 하게 된다(김세은, 2018).

(1) 긍정정서와 행복

인간은 삶의 과정에서 다양한 정서를 느낀다. 기쁨, 평안, 감사, 자신감, 희망, 낙관성, 사랑, 즐거움과 같은 것은 긍정정서이고 화, 우울, 걱정, 불안, 슬픔과 같은 것은 부정정서이다. 긍정정서와 부정정서 모두 인간이 생존하는 데 중요한 역할을 한다. 다만 긍정정서는 단순히 생존이 아닌 '행복'과 관련된다.

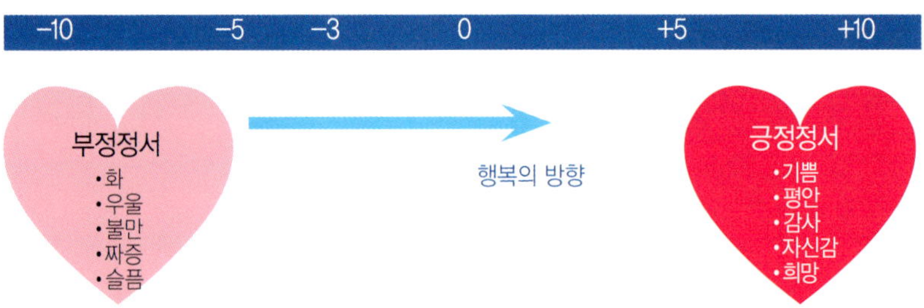

그림 9-1 행복의 방향과 긍정정서

부정정서를 마이너스(−), 긍정정서를 플러스(+)라고 보았을 때, 한 사람이 자신의 부정정서를 잘 다루어서 마이너스(−) 상태를 벗어나 0이 되는 것은 큰 의미가 있다. 그러나 0이 되었다고 해서 행복한 것은 아니다. 사람이 행복감을 느끼려면 0을 지나 플러스(+) 감정을 많이 느껴야 행복할 수 있는 것이다. 부정정서인 화, 걱정, 불안, 우울 등의 감정이 0이 되었을 때가 아니라 플러스 상태가 되어야 행복을 느낀다. 즉, 부정 감정을 완화시켜 불행하지 않은 상태로 만드는 데 만족하지 않고, 불행하지 않거나 조금밖에 행복하지 않은 사람들을 더 행복하게 만들어주는 것이 바로 '긍정정서'이다.

행복을 느끼게 하는 긍정정서는 단순한 쾌락을 의미하지는 않는다. 사람들은 긍정정서 자체를 원하는 것이 아니라 자신의 능력을 발휘해서 스스로 긍정정서를 만들어내는 것에서 만족감을 느낀다. 순간적인 쾌락을 추구하는 긍정정서는 공허함과 불확실성을 가져오게 되므로 자신의 강점과 미덕을 발휘하여 긍정정서를 얻어내는 것이 중요하다.

(2) 긍정정서의 효과

긍정정서는 미래를 낙관적으로 생각하도록 돕는다. 긍정정서가 조금씩 확장되면서 크고 작은 변화들이 구축되며 긍정정서가 한 개인을 일상에서 행복하게 만들어주고 조직생활이 만족도를 높여준다.

① 건강과 장수의 예측

긍정정서의 정도가 높은 사람들은 건강을 유지하고 오래 산다. 활력을 주는 긍정정서는 사람들에게 활동적인 놀이에 관심을 갖게 하며 이러한 놀이들은 건강을 유지시켜 주는 데 도움이 된다. 대학교 졸업생을 대상으로 한 연구에서, 졸업사진을 찍을 때 마음에서 우러나오는 '뒤센 미소'를 지은 여학생들과 그렇지 않은 여학생들을 구분하였다. 이후 30년 동안 추적조사를 한 결과 순간적으로도 긍정정서를 보여주었던 여학생 집단이 더 건강한 삶을 살고 있었다.

② 풍부한 사회적 자원

안정적인 애착을 형성한 유아는 그렇지 못한 유아보다 끈기, 문제해결력, 독립심, 호기심, 열정을 포함한 대부분의 영역에서 우수하다. 영유아는 양육자와의 애착에서 긍정정서를 느끼고 이를 바탕으로 타인과 사랑과 우정을 쌓아간다. 영유아기의 긍정정서는 이후의 삶에도 영향을 미치게 된다.

긍정정서 정도가 높은 사람들은 혼자 있는 시간보다 사회적 활동을 하는 시간이 많으며 폭넓은 대인관계를 갖고 있다. 또한 더 많은 동정심을 베풀고 어려운 이웃에 대해 더 많은 기부를 한다.

③ 조직의 행복과 업무성과 향상

조직 내에서 구성원들이 긍정정서를 경험하면 분노, 불안, 좌절, 무기력과 같은 부정정서를 줄여주고 역경을 극복할 수 있는 회복력을 키울 수 있다. 구성원 중 누군가 긍정정서를 경험하게 되면 조직의 다른 구성원에게 영향을 미치게 된다. 따라서 긍정정서는 조직의 기능이 잘 발휘되도록 도와주어 조직성과를 창출시키는 중요한 요인이 된다.

특히 리더가 갖고 있는 긍정정서는 매우 확장성이 높으며 리더의 긍정정서는 조직 전체의 성과를 예측할 수 있게 해준다. 결론적으로 긍정정서는 마음과 생각을 열어주고 수용성과 창의성을 높여줌으로써 새로운 기술과 인맥, 지식 및 존재방식을 발견하고 구축해서 개인과 조직을 더 나은 모습으로 변화시킨다(Seligman, 2002).

(3) 개인의 강점과 미덕

순간적인 쾌락이 아닌 자신의 강점과 미덕을 발휘하여 얻은 긍정정서가 완전한 것이다. 행복하고 평안한 well-being을 이해하기 위해서는 개인의 강점과 미덕이 무엇인지 알아야 한다. 개인이 갖고 있는 특별한 강점이 바로 대표강점이다. 자신의 약점을 고치려고 시간과 노력을 투자하는 것은 바람직하지 않다. 인생 최대의 성공과 만족은 개인의 대표강점을 연마하고 활용하는 데서 나온다(Seligman, 2002).

강점은 재능과는 달리 도덕적인 특성이며 개인의 의지와 관련이 있다. 강점의 특성은 첫째, 시간과 환경에 상관없이 지속적으로 나타나는 심리적 '특성'이다. 둘째, 강점은 '그 자체로서 가치'가 있다. 자신의 강점을 발휘하면 참된 긍정정서를 느끼게 된다. 강점은 지혜와 지식, 용기, 인간애, 정의, 절제, 초월성의 6개의 덕목과 24개의 강점유형으로 구성된다. 다음의 약식 검사를 통해 자신의 숨은 강점을 찾아보자.

❖ 표 9-1 대표 강점 검사

<table>
<tr><th>덕목</th><th>강점</th><th>문항</th><th>점수</th></tr>
<tr><td rowspan="10">지혜와 지식</td><td rowspan="2">호기심</td><td>언제나 세상에 대해 호기심이 많다.</td><td>1 2 3 4 5</td></tr>
<tr><td>쉽게 싫증을 낸다.</td><td>5 4 3 2 1</td></tr>
<tr><td rowspan="2">학구열</td><td>새로운 것을 배울 때 전율을 느낀다.</td><td>1 2 3 4 5</td></tr>
<tr><td>박물관이나 다른 교육적 장소에 한 번도 가본 적이 없다.</td><td>5 4 3 2 1</td></tr>
<tr><td rowspan="2">판단력</td><td>판단력이 필요한 주제가 있을 때면 매우 이성적으로 사고한다.</td><td>1 2 3 4 5</td></tr>
<tr><td>성급하게 판단하는 경향이 있다.</td><td>5 4 3 2 1</td></tr>
<tr><td rowspan="2">창의성</td><td>어떤 일을 하는 데 필요한 새로운 방법을 찾는 것을 좋아한다.</td><td>1 2 3 4 5</td></tr>
<tr><td>내 친구들은 대부분 나보다 상상력이 뛰어나다.</td><td>5 4 3 2 1</td></tr>
<tr><td rowspan="2">예견력</td><td>항상 꼼꼼히 생각하고 더 큰 것을 볼 줄 안다.</td><td>1 2 3 4 5</td></tr>
<tr><td>내게 조언을 구하러 오는 사람이 거의 없다.</td><td>5 4 3 2 1</td></tr>
<tr><td rowspan="8">용기</td><td rowspan="2">용감성</td><td>강력한 반대에도 무릅쓰고 내 주장을 고수할 때가 많다.</td><td>1 2 3 4 5</td></tr>
<tr><td>고통과 좌절 때문에 내 의지를 굽힐 때가 많다.</td><td>5 4 3 2 1</td></tr>
<tr><td rowspan="2">끈기</td><td>한 번 시작한 일은 끝까지 해낸다.</td><td>1 2 3 4 5</td></tr>
<tr><td>일을 할 때면 딴전을 피운다.</td><td>5 4 3 2 1</td></tr>
<tr><td rowspan="2">진실성</td><td>약속을 반드시 지킨다.</td><td>1 2 3 4 5</td></tr>
<tr><td>친구들은 내게 솔직하게 말하는 법이 없다.</td><td>5 4 3 2 1</td></tr>
<tr><td rowspan="2">열정</td><td>무슨 일을 하든 전력투구한다.</td><td>1 2 3 4 5</td></tr>
<tr><td>의기소침할 때가 많다.</td><td>5 4 3 2 1</td></tr>
</table>

덕목	강점	문항	점수
사랑과 인간애	사랑	본인의 기분과 행복 못지 않게 내 기분과 행복에 관심을 기울이는 사람이 있다.	1 2 3 4 5
		다른 사람들이 베푸는 사랑을 제대로 받아들이지 못한다.	5 4 3 2 1
	친절	자발적으로 이웃을 도와준다.	1 2 3 4 5
		다른 사람의 행운을 내 일처럼 좋아한 적이 거의 없다.	5 4 3 2 1
	사회지능	어떤 성격의 단체에 가도 잘 적응할 수 있다.	1 2 3 4 5
		다른 사람들이 감정에 아주 둔하다.	5 4 3 2 1
정의감	팀워크 (시민의식)	어떤 단체에 가입하면 최선을 다한다.	1 2 3 4 5
		소속 집단의 이익을 위해 개인적인 이익을 희생시킬 생각은 없다.	5 4 3 2 1
	공정성	어떤 사람에게든 똑같이 대한다.	1 2 3 4 5
		내가 싫어하는 사람은 공정하게 대하기가 힘들다.	5 4 3 2 1
	리더십	일일이 참견하지 않고도 사람들이 단합해 일하도록 이끌어준다.	1 2 3 4 5
		단체 활동을 조직하는 데는 소질이 없다.	5 4 3 2 1
절제	용서	과거의 것을 문제삼지 않는다.	1 2 3 4 5
		기어코 복수하려고 애쓴다.	5 4 3 2 1
	겸손	다른 사람이 나를 칭찬할 때면 슬그머니 화제를 돌린다.	1 2 3 4 5
		스스로 한 일을 치켜세우는 편이다.	5 4 3 2 1
	신중함	다칠 위험이 있는 일은 하지 않는다.	1 2 3 4 5
		나쁜 친구를 사귀거나 나쁜 사람들을 만나는 경우가 있다.	5 4 3 2 1
	자기 통제력	내 정서를 다스릴 줄 안다.	1 2 3 4 5
		다이어트나 운동을 오래하지 못한다.	5 4 3 2 1

덕목	강점	문항	점수
영성과 초월성	감상력	음악, 미술, 연극, 영화, 스포츠, 과학, 수학의 아름다움과 경이로움을 보고 전율한 적이 있다.	1 2 3 4 5
		평소에 아름다움과 무관하게 지낸다.	5 4 3 2 1
	감사	아무리 하찮은 일이라도 항상 고맙다고 말한다.	1 2 3 4 5
		내가 받은 은혜에 대해 거의 생각하지 않는다.	5 4 3 2 1
	희망	항상 긍정적인 면만 보려고 한다.	1 2 3 4 5
		내가 하고 싶은 이를 하기 위해 철저하게 계획한 적이 거의 없다.	5 4 3 2 1
	유머	되도록 일과 놀이를 잘 배합한다.	1 2 3 4 5
		우스갯소리를 거의 할 줄 모른다.	5 4 3 2 1
	영성	삶의 목적이 뚜렷하다.	1 2 3 4 5
		사명감이 없다.	5 4 3 2 1

출처: www.authentichappiness.org 사이트에서 긍정심리의 다양한 검사 가능.

❖ 표 9-2 강점 점수

지혜와 지식	용기	사랑과 인간애	정의감	절제력	영성과 초월성
1. 호기심 ______	6. 용감성 ______	10. 사랑 ______	13. 팀워크 ______	16. 용서 ______	20. 감상력 ______
2. 학구열 ______	7. 끈기 ______	11. 친절 ______	14. 공정성 ______	17. 겸손 ______	21. 감사 ______
3. 판단력 ______	8. 정직 ______	12. 사회지능 ______	15. 리더십 ______	18. 신중함 ______	22. 희망 ______
4. 창의성 ______	9. 열정 ______			19. 자기통제력 ______	23. 유머 ______
5. 예견력 ______					24. 영성 ______

두 개의 질문의 합이 9~10점을 받은 것이 상위 강점이고 4~6점 정도가 약점에 속한다. 점수가 높은 상위 강점들은 대부분 자신다운 것이지만 의아한 것도 있을 것이다. 상위 강점 중 스스로 '진정한 나'라고 느끼는 소유감과 자신감이 생기는 강점이 나의 대표 강점이다. 이러한 대표 강점을 주요 일상의 활동 속에서 많이 사용하면 큰 만족과 행복을 얻을 수 있다.

(4) 행복의 공식

'어떻게 하면 좀 더 행복할 수 있을까?'는 모든 사람이 갖는 중요한 삶의 화두이며 핵심적인 삶의 동력이 된다. 한 개인의 만성적 행복 수준을 결정하는 것은 첫째, 유전적으로 이미 결정된 '행복-설정점', 둘째, 삶의 환경, 셋째, 의도적 활동이나 노력에 의한 행동들이다.

행복의 공식
H = S + C + V

- H(지속적인 행복 수준)
- S(이미 설정된 행복 범위)
- C(삶의 상황, 외적 환경)
- V(자발적 행동, 내적 환경)

① 행복-설정점(happiness-set point)

'행복-설정점'은 개인이 이미 가지고 태어난 유전적 기질 및 심리생물학적인 특징으로 설명된다. 이러한 행복-설정점은 주관적 안녕감의 가장 큰 비중인 50%를 차지한다. 인간은 행복한 삶이나 불행한 삶 쪽으로 나아가도록 '조종하는' 유전자를 타고나며 복권에 당첨되는 것 같은 엄청난 행운이 있더라도 그 순간이 지나면 다시 원래의 행복상태로 돌아가려는 행복 자동조절기가 작동한다는 것이다(Seligman, 2002).

선천적으로 행복감을 느끼는 사람들은 불행하다고 느끼는 사람들과는 다르게 지각하고 해석한다. 행복한 사람들은 세상을 좀 더 긍정적으로 바라보며, 자기 자신과 타인을 평가할 때 긍정적인 관점을 사용하며, 사회적 비교상황에서 타인의 피드백에 덜 민감한 경향이 있다(Lyubormirsky, 2001).

선천적으로 행복–설정점이 높은 사람들은 자신의 환경의 변화로 행복감이 떨어지면 자신이 지각하는 수준의 행복감을 얻기 위해서 환경적 변화를 꾀하게 된다. 우울한 상태가 되면 원래의 수준을 회복하기 위해 행복을 위한 노력을 자연스럽게 한다.

인간은 기본 수준을 중심으로 좋은 일이 있으면 일시적으로 더 행복해지고 나쁜 일이 있으면 더 불행해지지만 일정한 시간이 지나면 다시 자신의 기본 수준으로 되돌아온다. 따라서 더 행복해지기 위해서는 각자 자신의 행복의 기본 수준을 끌어올려야 한다(김주환, 2011).

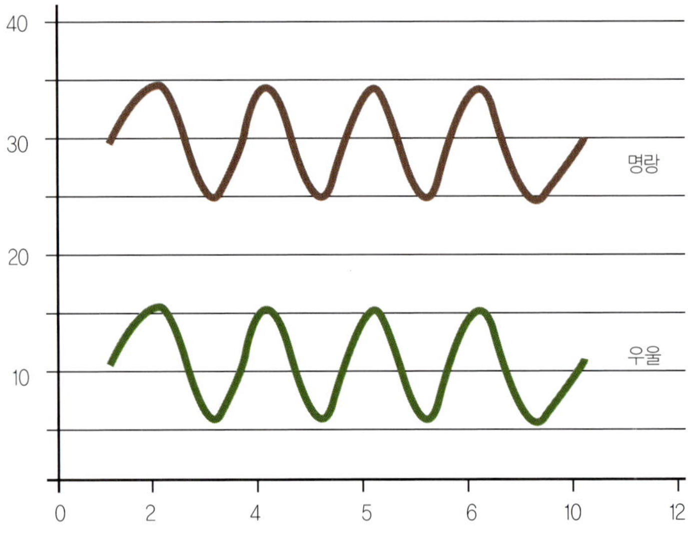

그림 9–2 행복의 자동온도 조절 장치

② 삶의 환경(life circumstances)

'삶의 환경'은 성별, 인종, 수입, 건강 상태, 주거환경과 같은 환경적 요인을 의미한다. 자연환경, 인문환경, 주거환경, 외모와 같은 개인의 모든 환경적 요소는 행복 수준의 변화의 10% 정도 밖에 설명하지 못한다. 삶의 환경적 변인들은 변화가 불가능한 것은 아니지만 변화시키는 것이 쉽지 않고, 사람들은 자신의 환경적 변화에 쉽게 적응하여 익숙해지면 행복에 미치는 영향력이 상대적으로 적어지기 때문인 것으로 볼 수 있다(Lyubormirsky, 2001). 통념상 소득 수준, 젊음, 교육, 날씨, 인종, 성이 행복의 조건처럼 다루어지지만 실제로는 그렇지 않다. 연구 결과, 행복에 영향을 미치는 것은 돈보다는 돈이 개인의 삶에서 차지하는 비중에 영향을 받으며 나이 역시 행복에 직접적인 영향력을 미치지 않는다. 교육, 날씨, 인종, 성은 행복과는 큰 상관이 없었다(Seligman, 2002).

③ 의도적 활동이나 노력에 의한 행동(intentional activities or effortful acts)

'의도적 활동이나 노력에 의한 행동'은 한 개인이 일상생활에서 행복을 느끼기 위해 수행하는 의도적인 노력을 기울이는 활동을 의미한다. 이는 주관적 안녕감의 40% 정도에 해당하며, 만성적 행복 수준의 변화에 영향을 미치는 가장 유력한 요인이라고 볼 수 있다. 이러한 행동이 만성적 행복 수준의 변화에 가장 많은 영향을 미치는 이유는 쉽게 변화가 가능하고, 개인의 자발적인 의도에 따라 조절할 수 있기 때문이다. 이렇게 변화가 계속되면 행복의 수준에 쉽게 적응하지 않고 최적의 행복과 안녕감을 갖기 위해 계속 노력하게 되므로 의미 있는 요인으로 작용할 수 있다(Lyubormirsky, 2001).

3. 긍정정서 키우기

행복의 수준을 높이기 위한 세 번째 요소인 '의도적 활동이나 노력에 의한 행동'은 개인의 자발적 행동으로 행복 수준에 가장 큰 영향을 미친다.

긍정정서는 과거에 대한 것일 수도 있고, 현재나 미래에 대한 것일 수도 있다. 이 세 가지 정서는 의미가 다르며 밀접하게 연결되어 있지도 않다. 과거에는 자신에 대해 자부심과 만족감을 느꼈지만 현재는 그렇지 않을 수도 있고, 현재는 행복하지만 과거엔 행복하지 않았을 수도 있다. 자신의 긍정정서를 키우기 위해서는 과거의 정서, 미래의 생각, 현재 겪고 있는 정서를 긍정적인 방향으로 이끌어가는 것이 중요하다. 다음은 셀리그만(Seligman, 2002)이 제시한 과거, 미래, 현재의 긍정정서 키우기 전략에 대해 살펴보기로 한다.

(1) 과거의 긍정정서 키우기

과거의 정서는 안도감, 평온, 자부심, 만족감에서부터 절대 줄어들지 않는 고통, 원한에 찬 분노에 이르기까지 다양하다. 이러한 정서는 과거의 자신의 생각에 달려 있다. 긍정심리학에서는 어린 시절의 사건들이 현재의 성격 형성에 큰 영향을 미치지 않는다고 주장한다. 과거에 대해 부정적인 정서를 갖고 있는 것은 실제 정서라기보다는 그 상황에 대한 개인의 생각과 해석에 의해 영향을 받은 것이라고 본다. 따라서 과거의 부정적인 정서를 변화하기 위해서는 과거는 어떻게 할 수 없는, 돌이킬 수 없는 것이라고 여겨 과거에 갇히지 말고 과거에서 벗어나 나쁜 기억을 좋은 기억으로 되돌려 나쁜 영향력을 약화시킬 필요가 있다.

다음은 자신의 과거에 대해 파악하는 생활만족도 검사이다. 1~7까지 자신의 생각과 비슷한 것을 써 넣는다.

❖ 표 9-3 생활만족도 검사(1~7점)

번호	내용	점수
1	내 삶은 어느 모로 보나 내 이상과 가깝다.	
2	내 삶의 상황은 대단히 훌륭하다.	
3	나는 내 삶에 더없이 만족한다.	
4	아직까지는 살아오면서 내가 원하는 중요한 것들은 다 이루었다.	
5	나는 다시 태어난다고 해도 아무것도 바꾸지 않겠다.	
합계		

7=많이 일치한다
6=일치한다
5=조금 일치한다
4=일치하지도 다르지도 않다
3=조금 다르다
2=다르다
1=많이 다르다

30~35 평균을 훨씬 넘는 만족한 상태
25~29 평균이 넘는 꽤 만족한 상태
20~24 미국 성인 평균, 조금 만족한 상태
15~19 평균보다 조금 낮은 불만족 상태
10~14 평균을 밑도는 불만족 상태
5~9 평균을 훨씬 밑도는 매우 불만족 상태

※ 중국 대학생 평균점수 16~19
www.authentichappiness.org 사이트에서 긍정심리의 다양한 검사 가능

출처: Seligman(2002). 긍정심리학. 서울: 물푸레. p. 136.

① 감사

사람의 마음과 몸을 최상의 상태로 유지시켜 주는 것은 긴장을 푸는 명상이나 기분 좋은 일을 생각하는 것보다도 감사하는 마음이다. 감사하는 마음은 과거의 긍정정서뿐만 아니라 전체적인 긍정성 향상으로 위해서도 최선의 방법이다. 이러한 긍정적 정서향상 훈련은 긴 기간에 걸쳐 띄엄띄엄 하는 것보다는 짧은 기간 동안에 몰아서 집약적으로 하는 것이 효과적이다(김주환, 2011).

감사를 하는 여러 가지 방법 중 비교적 쉽게 실천할 수 있고 과학적

으로 효과가 있는 방법은 '감사일기'로, 중증의 우울증 환자들에게도 효과가 있었다.

생각 노트

감사장 쓰기

- 지금까지 살아오면서 당신이 긍정적으로 변화하는 데 결정적인 영향을 받았지만 고맙다고 인사하지 못한 사람에게 감사의 편지를 써보세요.

② 용서와 망각

과거의 기억에서 만족감이나 자부심을 느끼는지 혹은 참담함과 수치심을 느끼는지는 개인의 기억에 달려 있다. 감사가 좋은 기억을 떠올려 긍정정서를 되살려 준다면 용서나 망각은 부정정서를 극복하게 해준다. 용서는 기억을 억제할 수는 없지만 기억 속에 박혀 있는 가시를 뽑아내고 자신의 생존전략을 수립하게 도와준다. 용서가 중요한 이유는 용서하지 않는다고 해서 그 자체가 가해자에게 복수를 하는 것도 아니며, 용서를 함으로써 자신을 과거의 고통에서 해방시킬 수 있기 때문이다.

(2) 미래의 긍정정서 키우기

미래의 긍정정서로는 신념, 신뢰, 자신감, 희망, 낙관성이 있다. 낙관성과 희망은 시련이 닥쳤을 때 포기하지 않고 굳게 버틸 수 있는 힘이 되고, 업무 능력을 향상시키며 새로운 일에 대한 도전 정신과 신체적 건강을 유지하게 도와준다. 낙관성은 지속성과 만연성이라는 두 개의 특성을 갖는다(Seligman, 2002).

① 지속성

지속성은 한 개인이 절망하는 기간을 결정하는 특성으로, 나쁜 사건 때문에 느낀 무기력을 지속적으로 여기는지 혹은 일시적인 것으로 여기고 쉽게 극복하는지와 관련된 것이다. 흔히 '머피의 법칙'이라는 말은 우연히 자신에게 불리한 상황이 반복되어 나타나는 일을 의미한다. 지속성은 자신에게 나쁜 일들이 되풀이되어 자신을 방해한다고 생각하는 특성이다. 실제로 자신에게 일어난 나쁜 일은 분명한 원인에 일어난 결과임에도 불구하고 나한테만, 이런 일이 '계속' 일어난다고 생각하는 것이다. 다음에 제시한 것처럼 나쁜 일이 일어났을 때 지속성을 띤 표현을 하는 사람은 비관적이고, 일시적으로 보는 사람은 낙관적이다.

지속적으로 보는 태도(비관적)	일시적으로 보는 태도(낙관적)
• 나는 완전히 끝장이야. • 다이어트는 전혀 효과가 없어. • 너는 언제나 잔소리를 해. • 너는 내게 전혀 말을 안 해.	• 나는 지금 몹시 지쳤어. • 배불리 먹으면 다이어트는 효과가 없어. • 너는 내가 청소를 하지 않을 때 잔소리해. • 너는 요즘 내게 통 말을 안 해.

좋은 일에 대해서는 반대가 된다. 좋은 일의 원인을 지속적으로 여기는 사람은 낙관적이고, 일시적이라고 믿는 사람은 비관적이다. 좋은 일이 생긴 이유를 지속적인 것이라고 믿는 사람은 자신이 성공하면 다시 노력을 하지만, 좋은 일이 일어난 원인을 일시적이라고 믿는 사람은

자신이 성공했을 때도 뜻밖의 행운이라고 생각한다.

일시적으로 보는 태도(비관적)	지속적으로 보는 태도(낙관적)
• 오늘은 운수 좋은 날. • 나는 열심히 노력해. • 내 경쟁자는 지쳤어.	• 나는 언제나 운이 좋아. • 나는 재주꾼이야. • 내 경쟁자는 실력이 없어.

② 만연성

지속성이 시간적 개념이라면 만연성은 공간적 개념이다. 어떤 사람은 하나의 실패를 전체의 실패로 여겨서 삶 전체를 포기해버리지만, 어떤 사람은 하나를 실패하더라도 이를 전체로 여기지 않고 다른 영역에 대한 도전을 계속한다. 다음에서 나쁜 일을 전부로 해석하는 태도와 일부라고 여기는 태도를 비교해볼 수 있다.

전부라고 보는 태도(비관적)	일부라고 보는 태도(낙관적)
• 교수는 모두 불공평해. • 나는 매정한 사람이야. • 책은 쓸모없어.	• 그 교수는 불공평해. • 나는 그를 매정하게 대해. • 이 책은 쓸모가 없어.

좋은 일을 지속적이고 전부라고 여기면서 나쁜 일에 대해서는 일시적이고 일부라고 여기는 사람은 힘든 일을 쉽게 털어버리고 새로운 '희망'을 갖는다. 반면에 좋은 일을 일시적이고 일부라고 여기면서 실패는 지속적이고 전부라고 여기는 사람들은 실패를 자신의 삶 전체에 전이시켜 '희망'을 갖지 못한다.

미래의 긍정정서에 가장 핵심이 되는 낙관성을 키우기 위해서는 자신의 내면에서 올라오는 비관적인 생각에 끊임없이 반박해야 한다. 부정정서도 결국은 정확한 실체가 있거나 진실이 아니라 불확실한 믿음일

뿐이다. 자신이 내린 부정적인 믿음을 철저하게 반박하는 연습을 해야 한다.

③ 반박하기

- A(Adversity): 불행한 사건
- B(Belief): 왜곡된 믿음
- C(Consequence): 잘못된 결론
- D(Disputation): 반박
- E(Energization): 활력얻기

비관적인 생각에 대한 반박은 ABCDE의 방법으로 반박한다. ABC는 상황에 대해 객관화하는 인지과정으로 자신이 느끼는 불행한 사건, 그때 느끼는 부정정서를 왜곡된 믿음과 잘못된 결론으로 정리한다. 그리고 이러한 결론에 대해 반박하는 것이다. 이를 통해 어떠한 활력을 얻게 되었는지 정리하면서 사건을 재인식할 수 있다.

자신이 느끼는 비관적인 생각에 반박하기 위해서 ① 명백한 증거를 제시하거나, ② 대안을 찾거나, ③ 숨은 진실을 찾으려 노력하거나, ④ 실질적인 접근을 해야 한다.

(3) 현재의 긍정정서 키우기

현재의 행복은 과거나 미래의 행복과는 아주 다른 상태로, 쾌락과 만족이 포함된다. 쾌락은 감각적인 요소와 격렬한 정서적 요소를 가진 기쁨으로 '원초적 감정'이라 볼 수 있다. 쾌락은 순간적이어서 외부 자극이 없으면 사그라들기 쉽다.

만족은 자신이 좋아하는 것을 하는 활동이지만 원초적인 감정이 아닌 몰입을 이끌어낸다. 만족감은 쾌감보다 오래 지속되고, 진지한 사고작용과 해석 과정이 따르며 습관화되는 것이 아니라 자신의 강점과 미덕을 발휘하여 얻는 것이다.

쾌락과 만족을 구분하는 것은 중요하다. 만족 없이 쾌락만을 추구한다면 행복을 얻기 위한 손쉬운 방법에 지나치게 의존하게 되고, 그 과정에서 자신의 강점과 미덕은 사라지게 된다. 쾌락은 강력한 동기유발 요소이지만 변화를 일으키지는 않는다. 인간은 쉽게 타성에 젖기 때문에 최초로 받은 자극과 똑같은 효과를 얻으려면 더 큰 자극이 필요하다. 예를 들어 핸드폰으로 오락을 하거나 영상을 보는 것은 순간적인 즐거움을 주는 쾌락에 가깝다. 반면 등산을 하는 것은 산을 오르는 과정에서 별다른 정서 없이 몰입하게 되지만 산꼭대기에 올라갔을 때 느껴지는 만족감은 충만한 행복감을 준다. 즉, 쾌락은 소비적이지만 만족은 미래를 위한 투자로서의 심리적 자산이 된다.

생각 노트

나의 만족감

♥ 자신이 만족감을 느낄 때는 언제인가요?

현재의 긍정정서를 키우기 위해서는 쾌락 중심이 아닌 만족 중심의 행복이 되어야 한다. 이를 위한 방법으로 습관화, 음미하기, 마음챙김과 같은 방법이 있다(Seligman, 2002).

① 습관화와 중독

쾌락은 순식간에 사라지기 때문에 행복을 지속시키는 요소로 활용하는 데에 한계가 있다. 쾌락이 중심이 되어 버리면 결과적으로 강렬한 열망을 일으켜 중독으로 이어지기 쉽다. 긍정정서를 향상시키는 가장 좋은 방법은 일상생활에서 쾌락을 자아낼 수 있는 일을 최대한 누리되, 되도록 시간 간격을 넓혀 틈틈이 경험하는 것이다.

② 음미하기

'음미한다'는 것은 쾌락을 발견하고 쾌락을 느끼는 찰라를 포착하려는 의식적인 노력이다. 음미하기를 증진시키기 위해 경험을 함께 나눌 수 있는 사람을 찾아 즐거운 경험을 공유하고, 그 순간을 마음에 새기거나 기념할 만한 물건을 간직하는 등 추억 만들기를 할 수 있다. 자기가 무엇인가를 잘해냈을 때 자축하는 것, 자신이 좋아하는 음식을 먹을 때 다른 일을 하지 않고 음식에만 집중하고 음식의 향과 맛에 심취하는 것은 '음미하기'의 좋은 방법이 된다.

③ 마음챙김

앞만 보고 정신없이 생활하기보다는 느긋하고 여유 있는 자세를 취하면 현재의 시간에 훨씬 더 집중할 수 있다. 명상법은 조급한 마음과 불안을 다스리는 데 효과적이다. 차분하고 여유가 있어야 현재에 관심을 기울일 수 있다.

생각주머니 열기

자신의 대표 강점과 행복-설정점에 대해 생각해보세요.

CHAPTER 10

임파워먼트와 유아교육적 적용

개요

임파워먼트는 리더가 자신이 갖고 있는 힘을 구성원들에게 분배 혹은 공유하는 과정을 의미한다. 리더는 팔로어에게 업무수행과 관련된 책임과 권한, 통제력을 공유하면서 팔로어 각자가 책임감과 자신감을 가지고 적극적인 역할 수행을 할 수 있도록 지원한다. 이를 통해 바람직한 방향으로 리더십이 발휘될 수 있다. 본 장에서는 임파워먼트의 개념과 실행조건에 대해 살펴보고 이러한 임파워먼트가 유아교육 현장에서 어떻게 적용되는지를 알아볼 것이다.

목표

- 임파워먼트의 개념과 실행조건을 이해할 수 있다.
- 셀프 임파워먼트의 필요성을 이해할 수 있다.
- 임파워먼트가 유아와 학부모에게 공유되는 과정을 알 수 있다.

주요 용어

임파워먼트
권력
권한위임

1. 임파워먼트

유아교사는 유아교육기관의 팔로어이면서 한 학급의 리더이다. 유아교사가 가지고 있는 리더로서의 '힘'이 팔로어인 유아와 학부모에게 공유되는 과정을 임파워먼트라고 한다. 임파워먼트는 집단 구성원 모두가 목표달성에 대해 책임감을 느끼며 스스로 동기부여를 하게 해주는 중요한 개념이다.

(1) 임파워먼트의 개념

empower는 em의 접두어에 power가 결합된 용어로서, 일반적으로 리더가 업무수행에 필요한 책임과 권한, 자원에 대한 통제력을 팔로어에게 배분 또는 공유하는 과정을 의미한다. 리더가 갖고 있는 힘을 어떠한 방식으로 행사하는가 하는 것은 리더십에서 매우 중요한 부분이다. 리더는 자신이 갖고 있는 힘을 팔로어를 억압하거나 통제하는 데 사용하는 것이 아니라 구성원들이 무엇이든 말할 수 있고, 자신의 일을 스스로 통제할 수 있도록 허용하는 절차와 정책을 만들고 지원·유지해야 하는 데 사용해야 한다(Sullivan, 2003). "21세기에는 다른 사람에게 권한을 위임하는 사람이 뛰어난 리더로 성공할 것이다"라는 빌 게이츠의 말처럼, 좋은 리더는 팔로어의 능력을 신뢰하고 그들에게 권한을 위임하여 열정을 불어넣는 사람이다. 임파워먼트의 핵심은 단순히 '권한'을 주는 것이 아니라 '일에 대한 소유'의 느낌을 주는 것이다.

임파워먼트는 크게 관계적 관점과 동기부여적 관점으로 구분된다(Conger & Kanungo, 1988). 관계적 관점의 임파워먼트는 '권한위임'이라는 일반적 의미로, 리더가 가지고 있는 권력을 팔로어와 공유하는 과정을 말한다. 관계적 관점에서의 '힘'은 리더가 자신의 직위로 인해 갖게 되는 합법적 권력이나 자원에 대한 통제력을 팔로어에게 배분하여 타인을 통제한다는 차원의 의미이다. 반면에 동기부여적 관점의 임파워먼트는 심리적 임파워먼트로, 다른 사람에 대해 행사하는 권력보다는 팔로어의 관점에 초점을 맞추고, 팔로어 각 개인이 임파워먼트를 느끼고 있는지를 중요하게 여긴다. 따라서 리더는 팔로어에게 단순히 권력을 배분하는 것이 아니라 팔로어 스스로가 자기결정권을 느끼고, 스스로 직무를 관리할 수 있도록 지원한다. 리더는 팔로어에게 '할 수 있다는 믿음이나 판단' 즉, 자아효능감을 부여하며, 무력감에 빠진 구성원에게 무력감을 주는 심리적 요인들을 제거하고 역할 수행 능력을 주어 스스로 노력하도록 지원한다.

이를 정리하면, 임파워먼트란 단순히 권한의 위임으로 일어나는 것이 아니라 리더가 팔로어의 힘을 신뢰하여 그들의 능력과 잠재력을 키우는 것이며, 그 목표는 힘의 전달이 아니라 팔로어가 이미 가지고 있는 의욕을 불러일으켜 진보적이고 책임성 있는 행동을 하도록 하는 데 있다.

(2) 심리적 임파워먼트의 실행

리더가 팔로어에게 힘을 주었다고 생각하더라도 실제로 팔로어가 그 힘을 느끼지 못하면 임파워먼트는 실행되지 못한다. 원장교사가 학급의 담임교사들에게 충분한 권한을 주었다고 생각하는데 교사들은 자신이 하고 있는 일이 자신을 성장시키지 않는다고 여기거나 결정을 하는 데 원장교사의 허락을 구해야 한다면 임파워먼트가 실행되지 않은 것이다. 임파워먼트는 리더에게 초점이 맞춰진 것이 아니라 팔로어에게 초점이 맞추어진 것이다. 이에 스프라이처(Spreitzer, 1995)는 다음의 네 가지 차원이 충족되어야 구성원들이 심리적 임파워먼트를 경험한다고 하였다.

① 의미감(Meaningfulness)

의미감은 권한을 위임받은 사람이 자신에게 주어진 일에 대해 의미 있는 일이라고 느끼는가에 대한 것이다. 자신이 하고 있는 업무가 의미 있고 가치 있게 느껴지기 위해서는 자신의 개인 비전을 달성하고 경력 개발에 도움이 되어야 한다. 따라서 리더는 팔로어에게 일을 위임할 때 그 일의 의미에 대해 설명을 하여 리더가 갖고 있는 비전을 공유하여 팔로어가 의미를 찾을 수 있도록 해야 한다.

② 역량(Competence)

자신에게 주어진 일을 잘해낼 수 있는 역량이 있어야 진정한 힘을 느낄 수 있다. 팔로어가 자신에게 주어진 일을 수행할 역량이 없는데 일에 맡겨진다면 이에 대해 부담을 느끼게 되고, 실패를 경험한 후 무기력감에 빠질 수도 있다. 업무수행의 능력은 개인의 자신감과 연결되고 이러한 자기효능감이 있을 때 스스로 할 수 있다는 힘을 느끼게 된다.

③ 자기 결정(Self determination)

리더는 팔로어에게 스스로 결정하고 실행할 수 있는 자율권과 권한을 부여하고 충분한 기회를 제공해야 한다. 자신에게 주어진 일이 의미와 영향력이 있는 일이고, 스스로 역량을 가지고 있더라도 업무수행 시 자율권이 없다면 자신이 힘을 갖고 있다고 느끼기 어렵다.

④ 영향(Impact)

영향은 개인이 권한을 위임받아 하는 일이 자신이 속한 집단에 얼마나 영향력을 미치는가에 대한 것이다. 팔로어가 맡은 업무가 단순히 개인의 성과에서 끝나는 것이 아니라 조직에 영향을 미칠 수 있어야 한다. 자신이 하는 일이 다른 사람에게 어떤 영향도 미치지 못한다면 자신이 힘을 갖고 있다고 생각하지 못할 것이다.

(3) 교사의 임파워먼트

교사의 임파워먼트는 교사의 전문성이라는 측면에서 의미를 갖는다. 임파워먼트의 중요성은 구성원들의 조직 몰입과 적극적인 업무수행과 관련된다. 신유근(1997)은 임파워먼트의 중요성을 크게 네 가지로 설명하였다.

첫째, 임파워먼트는 구성원들로 하여금 자신의 일이 회사의 성패를 좌우한다는 강한 사명의식을 갖도록 한다.

둘째, 임파워먼트는 우수한 인력을 양성하거나 확보하는 것에 초점을 두며 특히 업무를 수행하는 개인의 기량을 향상시키는 데 초점을 둔다.

셋째, 임파워먼트는 자신이 담당하고 있는 일에 대해 스스로 의사결정권을 갖게 하여 통제감을 높임으로써 무력감과 스트레스를 해소하고 더 나아가 강한 업무 의욕을 갖도록 구성원에게 성취감을 준다.

넷째, 임파워먼트는 구성원들이 고객에 대한 서비스를 향상시키고 환경 변화에 신속하게 대응하도록 한다.

임파워먼트가 조직의 구성원에게 중요한 것처럼 교사들에게도 중요한 개념이다. 진정한 임파워먼트가 이루어진다면 교사들은 학교 교육이 유지하려는 가치와 토론을 통해 학교문화를 구축하는 과정에 적극적으로 참여하려고 하고, 교육에 대한 보다 큰 사명감을 인식하게 되며 개인의 내적 동기, 열망, 신념, 가치를 자극하여 자신의 일에 확신을 갖게 된다(Owens, 1988).

쇼트(Short)와 라인하트(Rinehart, 1992)는 교사 대상의 실증적 조사 연구를 통하여 교사 임파워먼트의 구성요인을 의사결정, 전문성 신장, 지위, 자기 효능감, 자율성, 영향력의 6개의 요인으로 제시하였다.

① 의사결정(Decision-making)

의사결정이란 교사들이 자신들의 일에 직접적으로 영향을 미치는 중요한 의사결정에 참여하는 것으로, 예산편성, 교사선발, 학교일정, 교육과정, 교육 프로그램등과 관련된 결정을 하는 것을 의미한다(Short, 1992).

학교가 의사결정의 권한을 교사들에게 부여했을 때, 교사들은 실질적인 교수행위에 더욱 적극적으로 참여하게 되고, 자아존중감이 증가하였으며 의사결정의 참여가 높아짐에 따라 자신들이 '힘'을 느낄 수 있었다(White, 1992).

② 전문성 신장(Professional growth)

전문성 신장이란 교사가 자신이 속한 학교에서 계속적으로 교육성장과 발전을 위한 기회를 제공받을 수 있다고 인식하는 정도를 의미한다(Short, 1992).

전문성 신장을 위한 핵심은 교수법, 교과내용, 교육정책을 파악할 수 있는 기본적 능력에 있다. 교사가 갖고 있는 교과내용에 대한 지식은 교사 권위의 기초가 되며, 교육 공동체 참여를 활성화시켜 준다. 더 나아가 교육정책 결정에도 영향을 미칠 수 있게 한다(이철수, 2010).

③ 지위(Status)

지위는 교사가 자신의 지식과 전문성에 대해 원장이나 동료교사, 학부모로부터 지지, 칭찬, 존경을 받는다고 인식하는 것을 의미한다. 교사는 타인에게 전문가로 인식되고 높은 지위에 있다고 평가받을 때, 자신의 직업에 대해 가치 있고 권위 있는 것으로 느끼게 된다(Maeroff, 1988). 이러한 지위에 대한 인식은 존경으로 간주될 수 있으며, 교사의 지위향상은 다른 사람들로부터 교사에 대한 인식을 변화시킬 뿐만 아니라 교사 자신의 스스로에 대한 인식에도 영향을 미친다(이철수, 2007).

④ 자아 효능감(Self-efficacy)

자아 효능감은 교사들이 학생들의 배움을 도와주는 기술과 능력을 가지고 있으며, 학생들을 위한 효과적인 프로그램을 만드는 능력과 학생의 학습에 대한 변화를 이끌어 낼 수 있다는 신념에 대한 인식과 관련된다(Short, 1992).

교사에게 최고의 보상은 교수활동에 대하여 스스로 긍정적인 평가를 내릴 수 있는 것이며 이러한 자기 효능감은 교사가 원하는 결과에 영향을 줄 수 있으며 교사들로 하여금 인격적으로 성숙하다는 믿음을 갖게 하고 자기 지식을 획득하게 해준다. 자아 효능감이 높은 교사는 탐구적인 태도를 갖고 있으며 스트레스 수준이 낮다. 또한 수업 효율성이 높고, 학생에 대해 화를 적게 낸다.

⑤ 자율성(Autonomy)

자율성은 교사들이 학교생활의 어떤 사항들을 통제하는 결정을 하는 데 있어서 교사들의 자유를 의미한다. 교사들은 자율성이 학교 전체가 아닌 자신의 교실환경에만 제한되어 있다고 느끼는 경향이 있다(Kreis & Brockopp, 1986). 교사의 자율성이 높아질수록 직무만족도가 향상된다.

⑥ 영향력(Impact)

영향력은 학교생활에 미치는 교사들의 힘을 의미한다. 교사들이 힘을 가지고 학생들을 위하여 교육환경을 개선하는 능력으로, 임파워된 교사들은 보다 많은 영향력을 행사하게 된다.

(4) 셀프 임파워먼트

유아교사는 한 학급의 리더인 동시에 유아교육기관의 구성원이다. 임파워먼트가 '누군가로부터 권력을 부여받는 것'이라고 간단히 정리해 보면 누군가가 권력이나 권한을 준다는 것은 다시 가져갈 수도 있다는 것을 의미한다(Sullivan, 2003). 셀프 임파워먼트(self-empowerment)는 자기 자신의 내면에서 나온, 자신이 자기에게 부여한 '힘'을 의미한다. 가장 강력한 임파워먼트는 인간의 내면에서 나오는 자기 권한 부여이다. 이러한 셀프 임파워먼트는 어떤 상황을 변화시키려고 조치를 취하거나 말하려고 할 때 일어난다. 예를 들어 동료 교사가 유아에게 부당한 행동을 하는 것을 보았을 때를 가정해보자. 실제로 자신은 동료 교사를 제지할 권한이나 권력을 가지고 있지 않으며 동료교사보다 높은 지위에 있지도 않고, 부당한 행동에 대한 지적은 동료교사와의 관계를 나쁘게 할 수도 있다. 그러나 교사로서 내가 유아가 정당한 대우를 받아야 된다고 생각한다면 내 스스로가 내 자신에게 '힘'을 부여하여 동료교사에게 무엇인가를 말할 수 있다. 이것이 셀프 임파워먼트이다.

진정한 임파워먼트는 리더가 부여한 힘만이 공유되는 것이 아니라 구성원 각자의 셀프 임파워먼트가 실행되는 환경이다. 리더는 구성원들의 셀프 임파워먼트를 격려하고 지원하며 구성원들이 다른 구성원들에게 임파워할 수 있는 환경을 허용해야 한다. 임파워먼트가 실행되는 환경은 다음과 같다(Sullivan, 2003).

- 사람들이 자유롭게 자신의 견해가 전망을 공유한다.
- 사람들은 열린 마음으로 다른 사람의 견해와 전망을 알아본다.
- 사람들이 진정으로 서로의 이야기를 경청하며 다른 사람이 말한 바를 이해하기 위해 듣는다.
- 많은 협력과 공유가 있다 사람들은 자신의 에너지와 자원을 제한할 필요를 느끼지 않는다.
- 모임에서 상당히 많은 생생한 대화가 이루어지고 모든 사람이 참여한다.
- 대부분의 결정은 두세 사람이 아니라 전체집단 의해서 이루어진다.
- 사람들이 자신의 의견과 전망이 나머지 집단 사람들에게 문제가 된다는 것을 알기 때문에 진정으로 의사결정에 참여하려고 한다.
- 결정사항에 소수의 사람이 동의하지 않더라도 그들은 '실패'한 것이 아님을 안다. 그들의 견해는 가치를 인정받는다. 자신이 내린 결론과 다른 결정이 나더라도 의사결정 과정에서 편안함을 느낀다.

- 사람들이 일에 대하여 어떻게 느끼는가가 모든 사람에게 분명하다. 자신을 방어하기 위해 감정을 숨기려고 하지 않는다.
- 수줍음이 많고 조용한 사람이라도 자신의 견해가 전망이 공유됨을 경험한다. 새로운 사람들은 임파워먼트가 없는 곳에 있을 때보다 훨씬 더 빨리 합류한다.

2. 임파워먼트 적용하기

유아교육 현장에서 교사는 리더로서 유아와 학부모에게 임파워해야 한다. 유아와 학부모 모두 학급의 구성원으로서 책임감을 가지고 공동의 목표를 달성하기 위한 책임감과 자신감을 가질 필요가 있다.

(1) 유아와 임파워먼트

유아교육기관의 교실에서 유아는 학급의 구성원이자 팔로어이다. 교사는 한 학급의 리더로서 리더십을 발휘하게 되는데 이 과정에서 자신이 갖고 있는 힘으로 유아를 통제하거나 지시한다면 진정한 리더십이 발휘되기 어렵다. 교사는 자신이 갖고 있는 '힘'을 유아와 공유해야 한다. 유아 스스로가 집단의 구성원으로서의 책임감을 가지고, 사회 구성원으로서 자신의 할 일을 할 수 있다는 자신감을 갖도록 지원할 필요가 있다.

① 놀이의 주도권 갖기

유아교육과정은 유아들이 교사가 짜놓은 교육과정에 수동적으로 참여하는 것이 아니라 직접적으로 놀이를 제안하고, 주도해가는 것을 중요하게 여긴다. 교사는 유아의 놀이를 통제하고, 활동을 지시하는 것이 아니라 유아의 놀이를 관찰하고 이에 대한 적절한 지원을 하는 역할을 한다. 학급의 리더인 교사는 자신의 힘을 단순히 유아들에게 부여하는 것이 아니라 유아들이 자신의 목소리를 낼 수 있도록 임파워한다. 유아들은 놀이의 주도권을 갖고 있으며 이는 교육과정 형성에 핵심적인 역할을 하게 된다. 교사의 힘은 유아들의 개별적인 요구와 흥미가 발현될 수 있도록 전달되어 교실 내에 임파워먼트가 실행되도록 한다.

② 문제행동에 대한 내적 통제 강화하기

교사는 유아의 반사회적인 행동에 대해 단순히 제지하거나 통제하는 것이 아니다. 교사는 유아에게 자신의 정서와 행동을 조절할 수 있도록 적절하게 상호작용을 하고, 이에 대한 방법을 제안한다. 이를 통해 유아는 자신의 정서와 행동에 대한 내적 조절력을 기를 수 있다. 이는 자신의 발달에 대한 책임이 유아에게 있음을 알게 하는 중요한 과정이다. 또한, 교사는 유아의 긍정적인 행동에 대해 강력하게 강화하며 유아 자신의 내적 통제력을 길러준다. 이 과정에서 유아는 자신의 발달에 대한 자신감을 갖게 되며 사회적으로 성숙하게 된다. 이는 교사가 유아에게 임파워하는 중요한 과정이다.

(2) 학부모와 임파워먼트

교사는 학부모에게 학급의 운영뿐만 아니라 유아교육기관 전체 운영에 대한 권한을 부여하게 된다. 학부모는 교사가 이끄는 한 학급의 구성원으로서 가정에서의 일관성 있는 유아의 생활지도, 교사가 요청하는 자료나 도움에 대한 지원을 하며 간접적 참여를 하게 된다. 이때 교사는 학부모가 단순히 교사의 요청에 대한 응답만을 하는 것이 아니라 자신이 하는 일에 대한 가치를 이해하고, 자신의 지원행동이 갖는 영향력을 느낄 수 있도록 임파워해야 한다. 이를 통해 학부모는 학급의 구성원임을 느낄 수 있고, 책임감과 부모로서의 효능감을 느낄 수 있게 된다.

또한, 학부모는 유아교육기관에 직접적인 참여를 할 수 있다. 학부모 운영위원회, 학부모회 같은 경우는 학교 운영에 학부모들을 직접 참여시켜 활발한 의견이 오고갈 수 있도록 지원한다. 이를 통해 학부모는 자신의 '힘'을 느낄 수 있고, 책임감 있는 구성원으로서의 태도를 갖게 된다.

학부모들이 유아교육기관에 직접적으로 참여하여 의견을 내고 의결하는 학부모 운영위원회는 임파워먼트의 실행을 가장 잘 보여 준다. 급식을 검수하고, 이를 감독하는 급식 지원의 역할, 유아들에게 직접 책을 읽어 주는 것과 같은 수업 참여, 관련된 능력을 가진 학부모들이 유아들을 상대로 하는 문화공연 등의 활동은 학부모에 대한 임파워먼트의 실행의 예이다.

생각주머니 열기

누군가를 위해 나의 목소리를 내어 본 적이 있나요? 셀프 임파워먼트에 대한 경험을 떠올려 보세요.

참고문헌

강준만(2008). 선샤인 지식노트. 서울: 인물과사상사.

권석만(2014). 긍정심리학. 서울: 학지사.

권오정(2008). 초등학생용 자기성찰지능 척도 및 프로그램 개발. 충남대학교 박사학위논문.

김미선(2015). 긍정심리 집단상담 프로그램이 중년기 여성 위기 극복에 미치는 효과: 우울, 자아정체감, 심리적 안녕감을 중심으로. 경남대학교 대학원 박사 학위논문.

김세은(2018). 혁신행동에 영향을 미치는 긍정심리, 직장내관계, 업무환경 간의 구조관계 규명. 이화여자대학교 대학원 박사학위논문.

김신일, 박부권(2005). 학습사회의 교육학. 서울: 학지사.

김영신(2015). 유아자기조절력 측정도구 개발. 중앙대학교 대학원 박사학위 논문.

김윤희(2016). 공감 척도 개발 및 타당화. 경북대학교 대학원 박사학위논문.

김은성(2017). 초등학교 교사를 위한 의사소통역량 향상 프로그램 개발 및 적용. 건국대학교 박사학위 논문.

김은우, 유재봉(2019). 4차 산업혁명 시대의 직업윤리 교육의 방향: 칸트 윤리학의 입장에서. 교육철학연구, 41(1), 47-64.

김주영(2011). 영아의 정서조절 능력 측정척도 개발. 덕성여자대학교 대학원 박사 학위 논문.

김주환(2011). 회복탄력성. 서울: 위즈덤하우스.

김환(2014). 모두가 행복해지는 공감연습. 서울: 소울메이트.

남영옥(2006). 가정환경변인 및 기질과 유아의 친사회적 행동과의 관계. 아동교육, 15(1), 279-292.

남정걸(2015). 교육행정 및 교육경영. 경기: 교육과학사.

노영우(2015). 호모 루덴스, 놀이하는 인간을 꿈꾸다. 서울: 사계절.

도다 구미(2014). 아들러식 대화법. 서울: 나무생각.

박성익, 임철일, 이재경, 최정임(2015). 교육방법의 교육공학적 이해. 서울: 교육 과학사.

박성희(2004). 공감학 어제와 오늘. 서울: 학지사.

박영신(2009). 유아교사의 직무만족에 대한 원장의 변혁적 리더십, 교사 임파워먼트 및 조직문화의 영향력. 대구대학교 대학원 박사학위 논문.

박은진, 김희정(2008). 비판적 사고. 서울: 아카넷.

박태운(2020). 긍정심리자본이 직무성에 미치는 영향: 혁신 행동의 매개효과와 조직지원인식의 조절 효과. 가천대학교 대학원 박사학위 논문.

백종철(2008). 대인관계스트레스가 직무태도와 이직의도에 미치는 영향에 관한 연구. 위덕대학교 박사학위논문.

서기남, 문혁준(2009). 유아의 리더십과 관련된 변인 연구: 유아의 개인 변인과 환경 변인을 중심으로. *Family and Environment Research, 47*(5), 107–121.

서울대학교 교육연구소(1995). 교육학용어사전. 서울: 하우동설.

손복영(2011). 자기주도 학습방법에 의한 사회교육 프로그램이 유아의 자기조절력에 미치는 효과. 덕성여자대학교 대학원 박사학위 논문.

신유근(1997). 인간존중의 경영. 서울: 다산출판사.

심영숙(2010). 성찰기능과 정신병리의 관계-외상과 악몽을 중심으로-. 가톨릭 대학교 대학원 박사학위논문.

안체윤, 오미경(2013). 성인용 자기성찰지능 척도 개발 연구. 인간발달연구, 20(1), 51–78.

양옥승(1993). 유아교육과정 연구의 재개념화 Ⅱ: Vygotsky의 발생학적 인식론 활용. 유아교육연구, 13, 93–113.

오종찬(2017). 공감리더십이 조직몰입과 조직냉소주의에 미치는 영향에 관한 연구. 대구가톨릭대학교 대학원 박사학위논문.

윤성민(2011). 행복증진 긍정심리 개입활동들의 효과: 개인-초점적 활동과 관계-초점적 활동의 비교. 아주대학교 대학원 박사학위논문.

윤정일, 송기창, 조동섭, 김병주(2015). 교육행정학 원론. 서울: 학지사.

이가경(2018). 유아 회복탄력성 검사도구 개발 연구. 한국교원대학교 대학원 박사학위 논문.

이경민(2009). 유아행복교육의 기능성 탐색연구. 어린이미디어연구, 8(1), 165-181.

이명숙(2006). 또래관계에서의 유아 리더십 양상과 성 및 인기도와의 관계. 열린 유아교육연구, 11(1), 85-106.

이민화(2017). 협력하는 괴짜. 서울: 시그니처.

이병진(2003). 새로운 교육의 패러다임 교육리더십. 서울: 학지사.

이서영(2014). 자기이해를 위한 인문적 사회과교육. 한국교원대학교 박사학위논문.

이영아(2017). 교사의 정서적 자기이해 체험. 충남대학교 박사학위 논문.

이종수(2009). 행정학사전. 서울: 대영문화사.

이철수(2007). 유치원 교사의 임파워먼트. 중앙대학교 대학원 박사학위 논문.

이훈구(1997). 행복의 심리학-주관적 안녕. 서울: 법문사.

임창희(2001). 조직행동. 서울: 학현사.

전향신(2018). 대학생의 성장 마인드셋, 그릿, 내재적 미래지향목표 및 학업적응 간의 관계. 목포대학교 대학원 박사학위 논문.

정경미(2012). 기업의 중간관리자 의사소통능력이 조직의 직무만족 및 조직몰입에 미치는 영향. 대구대학교 박사학위 논문.

정경수(2018). 혼자의 기술. 서울: 큰그림.

정숙희(2020). 보육교사의 긍정심리 자본과 행복감 및 조직몰입과의 구조 관계분석. 협성대학교 대학원 박사학위논문.

정하나(2015). 극화놀이를 통한 유아공감능력 증진 프로그램 개발 및 효과. 중앙대 학교 대학원 박사학위 논문.

정희자(2017). 심리적 임파워먼트와 긍정심리자본간의 관계에 대한 연구: 조직내 신뢰의 매개효과 분석. 호남대학교 대학원 박사학위논문.

조연수, 백은주, 최규리(2008). 창의성 교육. 서울: 이화여자대학교출판문화원.

조영환(2010). 임파워먼트가 의사결정 참여요인에 따라 조직유효성에 미치는 영향에 관한 실증연구. 원광대학교 대학원 박사학위 논문.

주삼환(2003). 교육행정 및 교육경영. 서울: 학지사.

차배근(1994). 커뮤니케이션 개론. 서울: 세영사.

추헌(1995). 경영조직론. 서울: 세영사.

한국교육심리학회(2000). 교육심리학용어사전. 서울: 학지사.

한선영(2015). 회복탄력성, 일-삶 균형과 직무만족의 관계. 고려대학교 교육대학원 석사학위 논문.

허소용, 김수영(2013). 유아 리더십이 영향을 미치는 개인 및 가정환경 변인 분석. 아동교육, 22(3), 231-244.

홍석영, 송경섭(2015). 어머니 리더십에 따른 군집과 유아의 리더십 특성과의 관계: 유아의 연령별 리더십을 중심으로. 유아교육연구, 35(5), 361-379.

홍은숙(2006). 탄력성(resilience)의 개념적 이해와 교육적 방안. 특수교육학연구, 41(2), 45-67.

Bass, B. M.(1990). From Transcational to Transformational Leadership: Learning to Share the Vision. *Organizational Dynamics. Winter.* 19-31.

Bedeian, A. G.(1980). *Bass and Stogdill's handbbok of leadership*. New York: Free Press.

Bohlin, L. C. (2001). Determinants of young children's leadership and dominance strategies during play. *Dissertation Abstracts International Section A: Humanities and Social Sciences, 61*(11-A), 4282.

Brock, A., & Rankin, C.(2008). *Communication, language and literacy from birth to five*. London, UK: Sage.

Carnegie, D. (2003). 화술 1, 2, 3의 법칙(이상각 역). 서울: 들녘미디어.

Carver, C. S. & Scheier, M. F.(1990). Origins and functions of positive and negative affect: A control-process view. *Psychological Review, 97*, 19-35.

Chung, K. H., & Megginson, L. C.(1981). *Organizational Behavior: Developing Managerial Skills*. New York: Harper and Row.

Compton, W. C. (2005). *Introduction to Positive Psychology*. Thomson Wadsworth.

Conger, J. A., & Kanungo, R. N.(1988). The Empowerment Process: Integrating Theory and Practice. *Academy of Management Review, 13*.

Covey, S. R. (2017). 성공하는 사람들의 7가지 습관. 서울: 김영사. (원본발간 1994)

Cummings, G. G., MacGregor, T., Davey, M., Lee, H., Wong, C. A., Lo, E., & Stafford, E. (2010). Leadership styles and outcome patterns for the nursing workforce and work environment: A systematic review. *International Journal of Nursing Studies, 47*, 363-385.

Driver, J. (2011). 당신은 생각보다 많은 것을 말하고 있다(황혜숙 역). 서울: 비즈니스북스. (원본발간 2010)

Duckworth, A. (2019). 그릿 *Grit*(김미정 역). 서울: 비즈니스북스. (원본발간 2016).

Ernst-Dieter Lantermann(2019). 불안사회(이덕임 역). 서울: 책세상.

(원본발간 2016)

Fonagy, P. (2001). *Attachment theory and psychoanalysis*. New York: Other Press.

Gibb, C.(1947). The principles and traits of leadership. *The Journal of Abnormal and Social Psychology, 42*(3), 267-284.

Goleman, D., Boyatzis, R., & Mckee, A. (2002). *Primal leadership*. Boston : Little, Brown.

Golinkoff, R. M., & Hirsh-Pasek, K. (2018). 4차 산업혁명 시대 미래형 인재를 만드는 최고의 교육(김선아 역). 서울: 예문아카이브. (원본발간 2016)

Granic, I.(2002). The Self-Organization of Parent-Child Relations: Beyond Bidirectional Models. In M. D. Lewis & I. Granic(Eds.), *Emotion, Development, and Self-Organization: Dynamic Systems Approaches to Emotional to Emotional Development*. New York: Cambridge University Press.

Hersy, P., & Blanchard, K. (1993). *Management of Orgarnizational Behavior: Utilizing Human Resources*(6th ed), Englewood Cliffs, NJ: Prentice-Hall, Inc.

Hoffman, M. L.(2000). *Empahty and Moral Development: Implications for Caring and Justice*. Combridge University Press.

Howe, D.(2012). *Empathy: What it is and why it Matters*. London, UK: Palgrave Macmillan.

Judge, T. A., Bono, J. E., Ilies, R., & Gerhardt, M. W. (2002). Personality and Leadership: A Qualitative and Quantitative Review. *Journal of applied psychology. 87*(4), 765-780.

Katz, L.(1974). Skill of an Effective Administrator, *Havard Business Review,*

52. 90-102.

King L.(2015). 대화의 신(강서일 역). 서울: 위즈덤하우스. (원본발간 1995)

Koole, S. L., van Dillen, L. F., & Sheppes, G(2013). The Self-Regulation of Emotion. In Vohs, K. D. & Baumeister, R. F(Eds.), *Handbook of Self-Regulation*(2nd ed). New York: Guilford Press.

Kreis, K., & Brockopp, D. Y.(1986). Autonomy: A component of teacher job satisfaction. *Education, 107*(1), 110-115.

Krznaric, R.(2014). 공감하는 능력(*Empathy A Handbook for Revolution*) (김병화 역). 서울: 더 퀘스트. (원본발간일 2013년)

Lunenburg, F. C., & Ornstein, A. C.(2011). *Educational Administration: Concepts and Practice*(6th ed.) USA: Wadsworth.

Luthar, S. S.(1991). Vulnerability and resilience: A study of high risk adolescents. *Child Development, 62*, 600-616.

Lyubomirsky, S.(2001). Why are some people happier than others?: The role of cognitive and motivational processes in well-being. *American Psychologist, 56,* 239-249.

Maeroff, G. I.(1988). *The empowerment of teachers: Overcome the crisis of confidence*. New York: Columbia University, Teachers College Press.

Moyles, J., Musgrove, A., & Briggs, M. (2002). SPEEL-Study of Pedagogical Effectiveness in Early Learning, Department for Education and Skills Report No. 363, London.

Muraven, M. & Baumeister, R. F.(2000). Self-regulation and depletion of limited resources: Does self-control resemble a muscle? *Psychological Bulletin, 126*, 247-259.

Newstrom, J. W.(2011). *Orgarnizational Behavior: Human Behavior at Work*(13th ed.). NY: McGraw-Hill.

Owens, R. G.(Eds.).(1988). *Organizational Behavior in Education*. MA: Allyn and Bacon.

Peterson, C.(2006). *A Primer in Positive Psychology*. Oxford: Oxford University Press.

Pinar. W. F.(1985). *Autobiography and an architecture of self. In autobiography, politics and sexuality: Essays in curriculum theory*. New York: Peter Lang Publishing, Inc.

Pinar. W. F.(2009). *The wordness of a cosmopolitan education*. New York: Routledge.

pmg 지식엔진 연구소(2018). 시사상식사전. 서울: 박문각.

Putallaz, M., & Heflin, A. H.(1990). Parent-child interaction. In S. R. Asher & J. D. Coie(eds.), *Peer rejection in childhood*, 189-216. NY: Cambridge University Press.

Rodd, J.(2006). *Leadership in Early Childhood*. Aus: Allen & Unwin.

Rogers, C. R., & Farson, R. E.(1957). *Active listening*. Mansfield Center: Martino Publishing

Ryff, C. D.(1989). Happiness is everything, or is it? Exploration on the meaning of psychological well-being. *Journal of Personality and Social Psychology, 6*, 1069-1081.

Schwab. K.(2016). 클라우스 슈밥의 제 4차 산업혁명(송경진 역). 서울: 새로운현재. (원본발간 2016).

Schwab. K.(2018). 클라우스 슈밥의 제4차 산업혁명 the Next(김민주, 이엽 역). 서울: 새로운현재. (원본발간 2018).

Seligman, M.(2011). 마틴 셀리그만의 플로리시(우문식, 윤상운 옮김). 서울: 물푸레. (원서출판 2011).

Seligman, M., & Csikszentmihalyi, M.(2000). Positive psychology: An introduction. *American Psychologist, 55*, 5–14.

Short, P. M., & Rinehart, J. S. (1992). School Participant Empowerment Scale: Assessment of level empowerment with in the school environment. *Educational and Psychological Measurement, 52*, 951~960.

Slukin, A. M., & Smith, P, K. (1997). Two approach to the concept of dominance in preschool. *Child Development, 48*, 917–923.

Spreitzer, G. M.(1995). Psychological empowerment in the workplace: Dimensions, measurement, and validation. Academy of Management Journal, 39, 483–504.

Stogdill, R. M.(1948). Personal Factors Associated with Leadership: A Survey of the Literature. *Journal of Psychology, 25*. 35–71.

Sullivan, D.(2003). *Effective Leadership Skill for Teachers of Young Chillren*. MN St. Paul: Redleaf Press.

Sullivan, D. R(2007). 유아교사의 리더십(정수경, 김경철 공역). 서울: 정민사. (원문발간 2003).

Tieger, P. D. & Barron, B.(2016). 성격을 읽는 법: 더 나은 인간관계를 위한 *MBTI* 성격의 심리학(강주헌 역). 서울: 더난출판사. (원본발간 1999)

Toppler. E.(1992). 제3의 물결(김진욱 역). 서울: 범우사. (원본발간 1984)

Trilling B., & Fadel, C.(2012). 20세기 핵심역량(한국교육개발원 역). 서울: 학지사. (원본발간 2009)

Truax, C. B., & Carkhuff, R. R.(1967). *Toward effective counseling and psycholotherapy*. Chicage, IL: Aldine.

Walker, M., Berthelsen, D., & Irving, K.(2001). Temperament and peer acceptance in early childhood: Sex and social status differences. *Child Study Journal, 31*(3), 177–192.

White, P. A. (1992). Teacher empowerment under “ideal” school–site autonomy. *Educational Evaluation and Policy Analysis, 14*(1), 69~82.

Wispe, L.(1986). The disinction between sympathy and empathy: to call forth a concept, a word is needed. *Journal of Personality and Social Psychology, 50*(2), 314–321.

Wonacott, M. E.(2001). Lesdership development in career and technical education. *ERIC Digest, 225*.

Yukl, G.(2010). *Leadership in Organizations*(7th ed.). NJ: Pearson Education.

| 지은이 |

이선영

약력

- 중앙대학교 사범대학 유아교육과 졸업
- 중앙대학교 예술대학 문예창작학과 졸업
- 중앙대학교 일반대학원 유아교육과 석사, 박사

- 솔유치원 교사
- 수영유치원 부원장
- EBS 유아 프로그램 작가 및 자문
- 현) 부천대학교 유아교육과 교수

공감에 기반한

유아교사의 리더십

초판 1쇄 인쇄 2020년 12월 15일
초판 1쇄 발행 2020년 12월 27일

지 은 이 | 이선영
펴 낸 이 | 김기섭
책임편집 | 이윤미
펴 낸 곳 | 창지사 www.changjisa.com
08589 서울시 금천구 가산디지털 1로 83 파트너스타워 1차 9층
전화(02) 719-2211~3
팩스(02) 701-9386
등 록 | 1977년 4월 28일 · 제1-421호

ISBN 978-89-426-1404-2 (93370)

값 16,000원